邁向
人權國家
人權學18講

蔡百銓——著

謹以此書獻給先父母在天之靈

當年不向戒嚴當局撰寫自白書

連累他們陪我受罪多年

謝聰敏序
權利是爭取得來的

　　一九四八年十二月十日，聯合國大會通過《普世人權宣言》，明年將屆六十周年。二次大戰期間，納粹國家濫用國家權力迫害人民，美國羅斯福總統在戰爭期間提出四大自由：言論、信仰、免於匱乏與恐懼的自由，作為號召。戰爭末期，美國主張將人權列為新國際組織的基礎。「聯合國憲章」包含七條人權條款，由人權委員會起草《普世人權宣言》，將人權作為政治武器，這是人類史上一大成就。

　　二十世紀所稱的人權，源自西方傳統的「自然權利」或「人的權利」。蔡百銓先生在眞理大學教授人權研究，以《普世人權宣言》為中心，追溯人權發展根基到古代。我是在民主運動中認識

他。他是個具有理想與熱忱的青年。在麻木與消沉的國民黨統治下，他甘受艱苦，不避挫折，參與民主運動，共同挽救國運。從他的寫作，他介紹人權的發展、探討台灣情勢，處處可以看見他流露著愛國情操和鄉土忠忱。他依據法國學者瓦薩克的主張，把人權分為三個世代：第一世代人權包括公民權與政治權，第二世代包括經濟權與社會權、文化權，第三世代包括自決權、自然資源主權、發展權、環境權、和平權等。

人民返鄉的權利

公民權與政治權已由各國憲法保障。即使在史達林黑暗時代，蘇聯憲法也保障言論自由、出版自由、集會自由、包括群眾大會和遊行自由，人權都被稱為人類共同資產。

然而「權利」字義模糊不清。人民有居住的自由，也和其他公民權和政治權一樣，是實際的權利。可是1986年我們「海外組織」在美國發起返

鄉運動，美國許多媒體都報導，人民有返鄉的權利。許信良還是台灣通緝犯，想要回台到案。路經東京，當地日報和電視都以頭條報導。中曾根首相說：「一夜之間，全日本都知道許信良要回家。」但是國民黨阻止許信良登機。居住自由的遷入權是憲法保障的權利，是實際的權利。國民黨政府排拒人民返鄉的權利。許信良繞道菲律賓返回桃園機場，國民黨將原機遣返菲律賓，拒絕台灣人返鄉。

1987年，國民黨再次拒絕流亡海外的台灣人返鄉，公然挑戰《普世人權宣言》第十三條第二項規定：「人人有權離開任何國家，包括本國在內，並有權返回他的國家。」1988年或許由於興論支持，我獲准返回台灣。許信良選擇從中國搭乘走私船，越過台灣海峽，被台灣巡邏船查獲，送進監獄。當時台灣是一座監獄島。他求仁得仁，走進牢房。權利是爭取得來的。

民族自決的權利

現在台灣爭論最多的問題，可能是「自決的權利」。二次大戰以後，人民自決權是從聯合國憲章展開的。蘇聯提出修正案，受到起草委員會接納，列入憲章第一條第二款「發展國際間以尊重人民平等權利及自決原則為根據之友好關係」。1950年聯合國大會以第421決議案，確認民族自決權是一項基本人權。1960年由於赫魯雪夫提議，聯合國大會通過「給予殖民地國家和人民獨立宣言」（第1514號決議案），再度重申「所有人民有自決的權利」。這個決議案以89對0票通過，學者認為具有法律性質。1981年《非洲人權和民族權憲章》第二十條也明白指出，「一切民族均擁有生存權，他們均享有不容置疑和不可剝奪的自決權」。

中國出版的《聯合國憲章詮釋》詮釋憲章第一條第二款，以「阿爾及利亞獨立運動」為例，認

定聯合國有義務幫助阿爾及利亞人民取得民族自決。法國是宗主國，1959年戴高樂將軍宣布給予阿爾及利亞人民決定自己地位的機會，聯合國大會才正式通過決議，根據憲章，承認阿爾及利亞人民自決權[1]。

當年阿爾及利亞人口約有八百萬回教徒，回教徒又分為巴巴人和阿拉伯人。歐洲移民約有一百二十萬人，他們都說法語，並受法國文化薰陶。六千多名歐洲移民，擁有阿爾及利亞87%土地。法國和法國移民都說，阿爾及利亞是法國神聖不可分割的一部分；如同中國和二次大戰後來台的人都說，台灣是中國神聖不可分割的一部分。

阿爾及利亞臨時政府願意和巴黎談判，但是巴黎政府既不承認、也不談判。戴高樂不接受聯邦和超國家組織。1959年戴高樂在美國壓力下，提出了民族自決，仍然企圖挽留阿爾及利亞。當

---

[1] 參見許光達編《聯合國憲章詮釋》，山西教育出版社，1999年出版，第19頁。

時阿爾及利亞民族解放軍已經決心獨立，不爲所動[2]。

1961年1月8日，法國舉辦自決的公民投票。無論是法國本土或阿爾及利亞，都有三分之二以上投贊成票。在東西冷戰中，阿爾及利亞得到社會主義國家支持，才能突破僵局。戴高樂勇敢面對法國不敢面對的現實，承諾「阿爾及利亞人的阿爾及利亞」（Algerian Algeria），阿爾及利亞才透過公民投票獲得獨立。

偉大人物之所以偉大，就是他能說出人民要他說的話、做出人民要他做的事。我們也希望中國早日出現偉大領袖，面對中國不敢面對的事實，尊重台灣人民自決的權利。

落實法律上的權利

我舉出人民返鄉的權利和民族自決的權利爲

---

[2] 參見 *France, United States, and the Algerian War,* by Irwin M. Wall, Univ. of California, 2001, pp.207-208.

例，討論如何捍衛法律上的權利，使之成爲實際上的權利。民族自決是集體權利，常常需要武力作後盾。捍衛公民權和政治權等人權，也必須依靠國際上的新制度。海牙設有國際法院，當事人卻限於國家。關於經濟權與社會權，聯合國憲章第55條規定，聯合國應促進「全體人類之人權及基本自由之普遍尊重與遵守」（第三款），第56條則寄望「各會員國擔允採取共同及個別行動與本組織合作，以達成第五十五條所載之宗旨」，由不同的程序來實現。

在人權委員會中，會員國之間意見紛紛，因爲設立國際機構可能減損國家主權和獨立。亦有主張常設性的委員會或機構或國際法院受理個人或非政府組織申訴。聯合國不是唯一的國際人權組織。歐洲人權委員會和歐洲人權法院終於接受個人的陳情。需要人權的人應該得到保障。

羅榮光序

邁向人權國家
加入國際家庭

　　人權是上帝賦予每一個人的基本權利，所以古以色列人的先知耶利米（Jeremiah）才會說：「……在獄中受折磨，主必關懷！天賦的人權被蹂躪，主必關懷，在法庭上受冤枉，主必關懷！……」（聖經耶利米哀歌3章34-36節）

　　依據基督教的信仰，人是依據創造主上帝的形像（Imago Dei）而被創造的，人是有靈魂的生命體，上帝賦予人智慧、感情與意志，還有信仰，這就是人有別於其他動物之處。所以，上帝特別賦予人類有基本的權利，這就是「人權」！雖然，人類的先祖悖逆上帝的命令，得罪了上帝，

但是上帝還是看重人類，眷顧人類，賞賜人類榮耀尊貴為冠冕（聖經詩篇8篇5節）。

基於經歷二次世界大戰人類的浩劫，上億人死於戰爭中，痛定思痛，聯合國於1948年12月10日頒佈「世界人權宣言」（或稱「普世人權宣言」），開宗明義，第一條就揭示：「人人生而自由，享有平等的尊嚴與權利，人人天賦理性與良心，應該情同兄弟姐妹，和睦相處。」因此，我們台灣國人必須建立一個維護基本人權的典範國家，使每位台灣國人都享有自由、平等與尊嚴，進而要求與世界各國人士一樣享有平等權利，加入國際大家庭——聯合國，深信這也是本書作者蔡百銓老師用心寫作本書「邁向人權國家」的目的。

三十年前即1977年8月16日，台灣基督長老教會總會勇於突破「中國」國民黨外來政權戒嚴統治下的言論禁忌，發表「人權宣言」，表達根據人民自決的基本人權，台灣應當成為一個新而獨立的國家，引發國內國際對此一政治新主張的普遍關注與熱烈討論，國民黨蔣政權則是非常惱

怒，不斷的對教會施壓干擾，更發動媒體全面圍剿與醜化。

回顧人權宣言發表三十年來，台灣國內民主化的進展令人欣慰，但是新而獨立的台灣國卻尚未建立，令人遺憾，值得深刻的檢討與惕勵。究竟「新而獨立」的國家，在目前看來應當包括哪些條件呢？長老教會內部曾經作過多次討論，至少包括下列五項：

（一）新文化：台灣國應當發展多元族群協和以及海洋國家的獨特性文化。

（二）新國民：凡認同與效忠台灣為其鄉土及國家的台灣住民，均為台灣國的國民，皆能善盡國民的義務與責任。

（三）新國名：揚棄外來而且虛幻的「中華民國」國號，還我台灣本體與本名，正名為「台灣國」。

（四）新憲法：制定新而進步的新憲法，確保人權、文化權、環保權與社會權，特別要保障弱勢族群與團體之權益，並規定現有的台灣國領域

包括台灣、澎湖和附屬島嶼以及海域和空域。

（五）新外交：積極拓展政府與民間攜手合作的全方位外交，以突破長年的國際孤立，並以台灣國名加入聯合國與各種國際組織，參與建立世界公義、和平與自由的新秩序。

台灣基督長老教會此一新而獨立國家的現代意涵，正是我們現在推動台灣國家正常化即正名、制憲、加入聯合國努力的走向，也是在實現人權立國的目標。

台灣國人要建立新而獨立的國家，實際上其內涵也含蓋了作者在本書中依序介紹的三個世代的人權，包括公民權、政治權、經濟權、社會權、文化權、自決權、環境權、以及和平權……的實現，使我們台灣人能夠真正出頭天，真正做個有尊嚴、自由與幸福的人，這也就是上帝創造人類的目的，使人類得享榮耀與尊貴，換句話說這就是如作者的衷心期盼，使台灣人得以擺脫「人為刀俎，我為魚肉」的歷史宿命，建設台灣為充滿自由、平等與博愛的人權國家。

台灣國成為人權國家之後，也應該進一步與世界各國，尤其是仍然處於獨裁專制的國家如緬甸、巴基斯坦、北韓、中國……分享我們台灣國人如何掙脫外來蔣政權的白色恐怖統治，邁向民主自由的奮鬥歷程與心得，使這些殘害人權的國家，經過全民的打拚與奮鬥之後，也能邁向人權國家，人人享有尊嚴、自由與幸福，深信這也是本書作者不厭其煩地詳盡介紹世界主要先進國家如英國、美國、法國……，尤其是國際大家庭——聯合國成立以來如何努力形塑人權理念，維護人權，提升人權的用心。

　　令我極其感佩的是，作者在書中也談到婦女、兒童、勞工、原住民……之基本人權，甚至包括到外籍勞工、身心障礙者，以及禁止酷刑與強迫失蹤之基本人權之保障和提升。並在第十八講闡述聯合國千禧年發展目標（2000-2015年）提到全球合作，促進普世發展與尊重人權，以消除貧窮、飢餓與疾病，提升教育等……之具體事項，這些都是我們台灣國人可以積極參與的事工，這

也是我們突破長年國際孤立，擴展國際參與的一個面向，值得全體國人手牽手互相鼓舞，勇往邁進！

　　鄭重推薦各界人士用心閱讀本書，並與家人親友和鄰居分享心得，進而同心協力，邁向人權國家，共同建立一個新而獨立的台灣國！

台灣聯合國協進會秘書長

羅榮光牧師

寫於2007年11月15日

自序
邁向人權國家

　　世界和平新紀元，歐風美雨；思想波瀾，自由平等重人權。警鐘敲動，強暴推翻。人類莫相殘，慶同歡。

——台灣議會設置請願歌（1921）

　　今年（2007年）適逢解嚴二十周年、長老教會發表人權宣言三十周年、二二八事件六十周年、台灣民眾黨成立八十周年。回顧我台灣有史四百年來，外來政權交替不斷，人民永遠處在「人為刀俎、我為魚肉」情境中。試問台灣在歷史上，哪個朝代不曾發生二二八？人民何時不是生活在戒慎恐懼中？前事不忘，後事之師。探討這些問題的癥結，必能發現解決之道就在落實人權。

2000年政權移轉，陳水扁總統提出「人權立國」。台灣若能好好落實人權，必能擺脫歷史魔咒與宿命；台灣確實也應該躍出農業與工業立國層次，邁向境界更崇高的人權立國。人權立國，談何容易，然而總得持之以恆，不必諱疾忌醫。謝長廷先生二十年前提出「命運共同體」，今年又提出「台灣維新、四大優先」。個人不揣淺陋，詮釋如下：

台灣維新，四大優先

㈠台灣優先：台灣如何擺脫恆遭外人擺佈的歷史宿命？唯有行使自決權，以公民投票決定台灣前程。在對外關係方面，應以人民最大利益為優先考量。

㈡文化優先：台灣連遭殖民帝國壓制，文化權斲喪。文化發展落後於政治與經濟發展，不利於國家現代化。如今改革遭到瓶頸，宜從文化層面思考。文化建設在本土化之餘，更應該「吸收

世界進步的文化，建立屬於台灣主體的海洋文化」。

（三）弱勢優先：人權建立在人性上。台灣近年來加速朝向M型社會發展，應該優先兼顧弱勢民眾利益，加強社會福利，讓每個階級都能更公平分享經濟建設成果。

（四）環保優先：過去台灣積極發展經濟，犧牲環境，竭澤而漁，債留子孫。現在應該邁入新境界，強調環境權，營造幸福經濟，重視永續發展，留給子孫更健康的生存空間。

邁向人權國家

然而如何人權立國？筆者認為一方面應該「台灣法律人權化」，消除現有法律裡違背人權的條文與觀念，並把國際人權公約國內法化、把人權理念落實為具體法律；另一方面也應該「台灣文化人權化」，消除文化裡違反人權的成分，並把人權理念融入日常生活。人權應該以誰擬定者為

標準？答曰：聯合國。以人權接軌聯合國與先進世界。

聯合國於1948年頒布《普世人權宣言》，接著陸續通過許多相關人權文獻。這都透過許多專家與非政府組織密切研商，最後還得聯合國大會通過。這些人士來自全球各地，代表著不同意識形態、宗教信仰、經濟發展程度、種族身分、社會背景等。人權文獻獲得他們首肯，必然放諸四海而皆準。人權以愛和包容為基礎，在充滿仇恨與對立的世界，唯有人權才能戰勝一切。

本書採用瓦薩克教授的分類，把人權分為三個世代。第一世代人權包括公民權與政治權，強調自由；第二世代包括經濟權與社會權、文化權，強調平等。兩者兼顧的國家，符合「福利國家」要件。然而處於全球化時代，世界各國無法獨善其身，必須合力解決人類共同面對的議題，落實強調博愛的第三世代人權。兼顧這三個世代人權的國家，可以稱為「人權國家」。

以「人權捍衛者」自勉

本書榮獲羅榮光牧師與謝聰敏先生撰寫序言，深感榮幸。羅牧師是台灣基督長老教會總幹事，長老教會捍衛台灣不遺餘力。1970年代台灣處於戒嚴肅殺期間，高俊明牧師領銜發表三篇宣言（國是聲明、我們的呼籲、人權宣言），震驚國內外（參見第89與268頁）。羅牧師在這篇序言裡，賦予「人權宣言」新意涵；他也正在積極推動台灣加入聯合國運動。

1964年9月，謝聰敏與彭明敏教授、魏廷朝發表「台灣人民自救運動宣言」。呼籲台灣人民「不分省籍，竭誠合作」，在國共兩黨之外走出一條自救之道。自救內涵包括一中一台、制定新憲法、總統普選、以新國家身份加入聯合國等，儼然為日後人權運動規劃「路線圖」（第87頁）。前人披荊斬棘、犧牲奉獻，後人才能高談人權。

本書以聯合國人權理念與文獻、活動為架

構，同時探討台灣與世界相關議題。從全球角度透視台灣人權問題，把台灣人權問題納入全球範疇觀照。人權觀念深植人心，台灣就不可能再度出現專制政府，永遠不再！Nunca Más！Never again！即使出現，也會很快就被人民推翻。個人家世也激發這種使命感。唐山過台灣，筆者僅是第三代，為什麼祖孫三代竟然都直、間接受到戒嚴政府迫害？問題就出在人權。

　　人權涵蓋範圍極廣，無法面面俱顧，本書更涉及許多內政與外交議題。筆者過去基於台灣走入國際社會之需要，埋首研究全球，如今花費前後六、七年光陰完成此書，深感自豪。惟才疏學淺，書中謬誤與疏漏難免，但願讀者不吝賜教。更希望此書激發讀者更上層樓，並以「人權捍衛者」自勉，共同營造台灣為人權國家。

蔡百銓 2007年12月

目次

導論

　　本書除了序言與跋語之外，分為十八講。以聯合國人權理念與機制、活動為架構，同時依序在各講裡，探討台灣與世界相關議題，以期「從全球角度透視台灣人權問題，把台灣人權問題納入全球範疇觀照」。全書分為四大段落：

(一)人權史與聯合國(前三講)

　　第一講述說人權發展史，介紹「三階段發展說」與「三世代發展說」，同時提出台灣人權發展史、美麗島事件、轉型正義。為方便敘述起見，本書採用「三世代發展說」之分類。聯合國以保障人權為職志，第二講介紹聯合國人權機構，也探討「台灣與聯合國」議題，例如台灣是個國家

嗎？台灣有資格加入聯合國嗎？第三講介紹聯合
國保障人權的機制，也簡介台灣人權促進會、自
由之家、國際特赦組織。

(二)**國際人權清單**（第四到七講）

　　討論人權，不能不推崇《普世人權宣言》（第四
講），通常稱為「世界人權宣言」。我根據英文版
本，以比較流暢的漢文重新翻譯這份宣言。本講
也介紹1964年彭明敏師生的「台灣人民自救運動
宣言」（及謝聰敏首度透露的秘辛）與1977年基督長
老教會的「人權宣言」。

　　《普世人權宣言》衍生兩部盟約《公民與政治
權利國際盟約》與《經濟與社會、文化權利國際
盟約》，這三份文獻合稱為「國際人權清單」。
第五講介紹前者與第一世代人權，也簡介鄭南榕
為100%言論自由殉道、反貪腐、勞動三權。第
六講介紹後者與第二世代人權，特別著墨於文
化權，論及台灣文化議題，賦予客家「義民爺崇

拜」時代意義。聯合國制定許多人權條約，本書只把《普世人權宣言》與這兩部盟約部分條文刊出，以後各講論及的公約只做簡介。

聯合國曾經召開兩次全球盛會，討論全盤人權議題：1968年德黑蘭國際人權會議、1993年維也納世界人權會議。第七講介紹這兩次會議，也討論曼谷宣言反映的「亞洲價值觀」。

(三)核心人權公約（第八到十三講）

聯合國通過許多人權文獻，其中九部條約享有「核心人權條約」的崇高地位，特別設置對應委員會，監督締約國執行情況。核心條約除了兩部盟約之外，就是七部保護弱勢團體的公約，本書從第八到第十三講分別介紹之。

第八講種族議題，論及台灣認同不穩定。第九講婦女權利，也介紹台灣保護婦女的相關法律、女性割禮、名譽殺害等議題。第十講禁止酷刑與強迫失蹤，譴責中國摘取法輪功學員器官販

售。第十一講兒童權利（附記老人權利），也介紹台灣相關福利法與議題。第十二講外籍勞工權利，談及台灣外勞問題。第十三講身心障礙者權利，也介紹台灣相關法律。

㈣後五講與跋語

第三世代人權項目不斷增加，本書討論其中五個重大議題。第十四講自然資源主權與自決權，談到台灣爭取自決權的努力，包括長老教會三份聲明、民進黨有關台灣主權決議文。第十五講發展權與和平權、環境權（包括京都議定書），也談到台灣環保議題。第十六講原住民權利，也簡介台灣原住民相關議題。第十七講國際刑事法院與其審理的國際重大刑事案件。第十八講聯合國千禧年發展目標。跋語強調自決權才是台灣一切人權的前提。

人權發展史

不知或忽視、輕蔑人權，乃是政府腐敗與
公共災難之唯一原因。

—— 法國《人權與公民權宣言》，1789

關於人權發展的歷史，本講前兩節介紹「三階
段發展說」（three stages theory）與「三世代人權說」
（three generations of human rights）。第三節就台灣人
權發展，做個歷史回顧。

第一節　三階段發展說

㈠自然法——人權哲學基礎

早在兩千多年前，古希臘斯多葛學派（stoicism）
提出人人平等的自然權利觀念。釋迦摩尼打破印
度教種姓制度觀念，倡言眾生平等。基督教也發

展自然權利觀念，主張上帝以自己形象創造人類；在上帝之前，人人平等。這些概念形成人權觀念基礎。它們雖然形成普世要求，但畢竟只代表哲學觀念或宗教信念，不符合現實政治情況。把這種觀念轉換到政治與法律領域，始於十七、八世紀理性時代與啓蒙運動。

十七世紀末，英國學者約翰‧洛克（John Locke, 1632-1704）主張：「自然狀態有一種自然法在管理著，要求每個人都得遵守。而理性就是那種法律，教導全體人類（人類只能諮詢理性）人人都是平等與獨立的，無人能夠傷害別人的生命與健康、自由、財產。」

1689年洛克發表《政府二論》（Two Treatises of Government），蔚爲民主政治與資本主義的宣言。此書提出社會契約論（social contract theory），主張生命、自由、財產乃是人類不變的自然權利（natural rights）或是天賦人權（God-given rights）[1]。保

---

[1] 人權除了天賦人權說之外，還有孫中山提出的革命人權說，主張人權是靠革命流血爭取來的。其實兩者是可以調

護這些自然權利，乃是所有國家的宗旨，否則
人民可以實踐革命權（right to revolution），另立政
府。因此，他的政治哲學要求國家保護人權。
1688年英國光榮革命後，以之合理化；美國獨立
與法國大革命，也都援引他的思想。

　　洛克不但爲現代人權理論奠下基礎，也促成
主權概念從「主權在君」（君權神授）過渡到法國盧
梭提出的「主權在民」。盧梭主張國家主權不屬
於國王，也不屬於某個統治集團或統治階級，而
是屬於全體國民。

㈡各國政府在其境內推動人權

⑴英國

　　英國扮演人權拓荒角色，曾經制定三大歷史
文獻：（甲）1215年大憲章，貴族從亨利二世爭
取到若干權利：未經大議會同意，國王不得課
徵新稅（國家預算必須經過議會同意）；未經法院判

和的：人權是天賦的，遭到專制政府剝奪，人民應該革命
奪回。

決，國王不得逮捕或處罰人民（罪刑法定主義、法律至上）；（乙）1628年的權利請願書，獲得了軍隊不得以任何藉口佔住人民住宅的權利；（丙）1679年的人身保護令，則保護公民免於政府任意逮捕；遭到逮捕者，有權在二十天內於法庭上受審。

⑵美國

1776年6月，維吉尼亞州率先提出「維吉尼亞權利清單」（Virginia Bill of Rights），七月二日宣告脫離英國獨立。清單列出生命權、自由權、財產權、集會權、言論自由、遷徙自由、請願權、法律保護權、投票權等權利。同年七月四日，大陸議會通過美國「獨立宣言」，分為五個段落：導論、前言、控訴喬治三世暴政、譴責英國人、總結。前言說道：「我們堅信這些真理不諭自明：人人生而平等，皆受造物主賦予若干不可分割之權利，包括生命與自由、追尋幸福。為了確保這些權利，人民成立政府，其正義權力來自被統治者之同意。每當任何政府破壞這些目的時，人民

有權改變或取消它，另立新政府。」

　　接著，1777年大陸會議通過邦聯條款，1787年制憲會議通過聯邦憲法。直到1789年，美國總共通過十項憲法修正案，合稱權利清單（Bill of Rights）：言論、宗教、和平集會自由；持有與佩戴武器的權利；免於民房被軍隊徵用；免於不合理的搜查與扣押；正當程序（Due Process, 一罪不兩判、禁止逼供、禁止剝奪私人財產）；未經陪審團不可定罪以及被控告者其他權利；民事案件中陪審團的權利；禁止過度罰金與酷刑；未被列入的其他權利同樣受到保護；人民保留未經立法的權利。

⑶法國

　　1789年7月法國大革命爆發，高呼自由、平等、博愛。八月國民會議頒布《人權與公民權宣言》（Declaration of the Rights of Man and Citizen）。英國艾頓勳爵（Lord Acton）讚譽：「這兩頁紙的宣言，其重量大於多個圖書館，也大於拿破崙所有軍隊。」

　　宣言指出人權是自然的、不可剝奪的和神聖

的，而「不知或忽視、輕蔑人權，乃是政府腐敗與公共災難之唯一原因」。「在權利方面，人們生來是、而且始終是自由平等的。任何政府成立的目的，都在於保存人的自然和不可動搖的權利。這些權利就是自由、財產、安全和反抗壓迫。」整個主權的本原，主要是寄託於國民。法律是公共意志的表現。全國公民都有權親身或經由其代表參與法律的制訂。宣言還列出各種主要人權，如人身自由、不受任意逮捕、無罪推定、信仰、思想、言論、出版等自由。

1793年6月雅各賓派通過新憲法，其開頭《人權宣言》宣佈「社會的目的就是共同的幸福」；正文更提出主權在民（popular sovereignty）原則，「當政府侵犯人民權利時，人民就有反叛的職責」。

㈢聯合國在全世界推動人權

人權起初列在個別國家憲法裡，作爲人民基本權利保證書。十九世紀，幾乎所有歐洲國家全都達成。二十世紀中葉，人權觀念落實於政治與法

律範疇，大致成功。人權具有普世正確性，在執行上卻侷限於國界範圍內。如何打破國家疆界？

1945年6月26日，同盟國通過聯合國憲章（Charter of the United Nations），其第56條條文明載，所有會員國都得集體與個別地與聯合國合作，以達成聯合國宗旨。為了闡明人權是什麼，1948年12月10日聯合國通過「普世人權宣言」，1966年又通過兩份國際盟約，三者合稱為「國際人權清單」（International Bill of Human Rights），也衍生許多人權公約及文獻。

第二節　三世代人權說

1979年法國捷克裔學者瓦薩克（Karel Vasak），在史特拉斯堡的國際人權學院（International Institute of Human Rights），提出「三世代人權說」（three generations of human rights）。他以法國大革命口號「自由、平等、博愛」，凸顯每個世代的人權特徵。參見下表：

表1-1 三世代人權表解

	權利項目	文獻	性質
第一世代 （自由）	公民權	普世人權宣言 （第3-21條） 公民與政治權 利國際盟約	個人權利 消極權利
	政治權		
第二世代 （平等）	經濟權	普世人權宣言 （第22-27條） 經濟與社會、 文化權利國際 盟約	個人權利 積極權利
	社會權		
	文化權		
第三世代 （博愛）	自決權、自然資 源永久主權、發 展權、環境權、 和平權等。項目 不斷增加。	尚無全面性的 國際條約	集體權利 團結權利

製表：蔡百銓

㈠第一世代人權

「第一世代人權」形成於美國和法國大革命時期，強調「自由」，包括公民權與政治權，要求政府不得濫權而剝奪這些個人權利，屬於消極權利（negative rights）性質。更加細分，可以包括言

論自由、公平審判權、宗教信仰自由、投票權、參政權等。這些權利明載於1948年普世人權宣言與《公民與政治權利國際盟約》。

㈡第二世代人權

「第二世代人權」形成於俄國共產黨大革命時期，得到西方福利國家概念配合，強調「平等」。包含社會權、經濟權、文化權，要求確保每個公民的平等條件與待遇。更加細分，可以包括就業權(工作權)、住宅權、健康權、社會安全、失業給付等，要求政府積極提供這些權利，屬於積極權利(positive rights)。明載於普世人權宣言與《經濟與社會、文化權利國際盟約》。

㈢第三世代人權

「第三世代人權」具有「博愛」與團結(solidarity)性質，屬於團體與集體權利(group and collective rights)，異於前兩個世代的個人權利(individual rights)，項目不斷增加。筆者列出自決權、自然

資源主權、發展權、環境權、和平權等。

「第三世代人權」反映全球相互依存現象，把整個地球當作人類的命運共同體，必須世界各國密切合作才能落實。但是礙於國家主權原則，難以制定具有約束力的法律文獻，僅散見於聯合國許多宣言與決議案，目前尚無一份囊括性的人權條約出現。

㈣評論

瓦薩克把前兩世代人權分為「消極人權」和「積極人權」。反對者認為公民權和政治權要能充分實現，也需要國家積極行動，而經濟權可能反而不需要國家干預。消極與積極權利之劃分，師法以賽亞‧柏林（Isaiah Berlin）的兩種自由概念（two concepts of liberty）。1958年柏林在牛津大學演講，提出消極自由與積極自由。他說「積極自由」具有政治危險性，因為它誘使統治者為了自身利益而限制人民的消極自由。

有些自由主義者認為，第二與第三世代人權

企圖以權利為說辭，包裹政府的政治目標，提高政府與非政府組織的權力、同時降低個人的合法消極權利，使國家得以脅迫個人提供服務，例如「就業權」意指著私人公司可能被迫提供別人就業機會。

有些人主張，「三世代人權」不是指時間上的先後順序，而是指空間上強調重點的分歧。冷戰期間，美國領導的西方國家強調第一世代人權，蘇聯領導的東方國家推動第二世代人權，第三世界國家則偏愛第三世代人權，特別是自決權。

此外，人類是否會發展出保護複製人的「第四代人權」？保護外星人的「第五代人權」？

第三節　台灣人權發展史

台灣最嚴重的人權問題，在於人民不曾主宰自己的命運。台灣歷經多次政權移轉：荷蘭東印度公司（1624-1662）、鄭氏王朝（1662-1683）、滿清王朝（1683-1895）等。每次易主，兵變滋生，而官

逼民反事件層出不窮。在人權範疇內，人民只能行使「抵抗權」與「革命權」。從日本時代中期以降，才出現具有現代意義的人權運動。

(一)日本時代 (1895-1945)

日本統治台灣，可以分為三個時期：(1)始政時期(1895-1915)，台灣人民武裝抗日：台灣民主國抵抗、游擊戰時期(直到1902年)、末期(自1907年北埔事件，到1915年西來庵事件)；(2)同化時期(1915-37)，台灣人民進行文鬥：「台灣議會設置請願運動」領導政治鬥爭，「台灣文化協會」領導文化鬥爭，「台灣民眾黨」領導工農進行社會鬥爭。1930年代初，日本採取高壓手段，撲滅台灣人權運動；(3)皇民化運動時期(1937-45)：打壓台灣本土文化，徵召台灣人民從軍。

台灣議會設置請願運動

日本時代，「台灣議會設置請願運動」(1921-34)要求設置「台灣議會」，讓該議會擁有立法權與預算審查權。歷時十四年，請願十五次，目的

何在？1921年第一次請願書說明：「台灣情況特殊，有特別立法之必要。日本是立憲國家，台灣在其統治下，也應享有立憲政治之待遇。目前台灣總督同時掌握立法權及行政權，違反憲法精神，應將立法權還給人民。」

前五次請願，帝國議會均以「不採擇」回應；其中1923年第三次請願籌備期間，總督田健治郎以「妨礙安寧社會秩序」禁止，爆發「治警事件」。1925年第六次請願最風光：台灣780人連署，推派林獻堂、葉榮鐘、邱德全、楊肇嘉等四人為代表。受到旅日台灣人熱情聲援；赴帝國議會提出請願書，拜會首相與內閣各部大臣、眾議院正副議長、參眾兩院議員、東京各報社與政論家，並在帝國議會開議前夕舉辦招待會。但最後帝國議會仍以「審議未了」回覆。

㈡蔣軍「合法佔領、非法統治」(1945-52)

從1945年8月日本投降，到1952年8月舊金山和約生效，日本仍然保有台灣主權，蔣介石軍隊

是「合法佔領、非法統治」台灣。1945年日本投降後，麥克阿瑟擔任太平洋地區盟軍最高司令官，指派蔣介石接受台灣日軍投降。蔣介石特任陳儀為台灣省行政長官，10月25日在台北公會堂接受日本投降。

謝聰敏指出，蔣介石軍隊佔領台灣，在對日和約尚未簽定前，擅自移轉主權，改變人民國籍。根據1907年日內瓦第二公約規定：佔領未移轉主權，只是獲得合法管理權；佔領軍應尊重當地人民生命、尊嚴和財產；佔領軍取得和使用公共或私人財產應有限制。然而陳儀佔領軍及其官僚橫行霸道，壟斷貿易與工業，終於在1947年爆發二二八事件[2]。

1949年5月19日台灣省主席陳誠頒布戒嚴令，

---

[2] 謝聰敏，〈由國際人權角度探討二二八事件〉。關於二二八事件，參考柯喬治《被出賣的台灣》（前衛，1991）。作者是美國「台灣問題專家」，從事實際觀察與學術研究二十多年，描繪1941-1960間台灣被當作戰利品，在美國與中國拉扯下，美麗島嶼淪為人間煉獄的經過。

直到1987年7月15日零時才解除。憲法遭到凍結，公民自由與政治權利橫遭剝奪，民主運動不絕如縷。1949年雷震創辦《自由中國》半月刊，1960年籌組中國民主黨，被捕判刑十年。

㈢台灣是台灣人的台灣（1952-）

1952年舊金山和約生效，日本正式放棄台灣與澎湖主權，台灣主權自然落在台灣人民手裡。1964年謝聰敏與彭明敏、魏廷朝發表「台灣人民自救運動宣言」。1970年發生四二四謀刺蔣經國案。台灣基督長老教會發表三篇聲明，要求自決權：1971年「國是聲明」、1975年「我們的呼籲」、1977年「人權宣言」。1977年國民黨選舉舞弊，爆發中壢事件，許信良當選桃園縣長。

1978年初，為了迎接年底中央民意代表增額選舉，非國民黨籍候選人成立「黨外人士助選團」[3]，以黃信介、林義雄、施明德為核心。12月

---

[3] 「黨外人士助選團」總部設在台北市民族西路。曾以拳頭當作標誌，以人拳諧音「人權」，遭到詆毀為「台獨黑拳

16日美國宣布將與中國建交，蔣經國停止選舉活動。許信良與余登發等發表《黨外人士國是聲明》，要求恢復選舉，主張自決權。1979年初余登發涉嫌叛亂罪而遭逮捕，許信良在高雄遊行抗議。四月監察院通過彈劾案，許信良流亡美國。

1979年8月「美麗島」雜誌創刊，黃信介擔任發行人，設立十一個服務處。12月10日雜誌社在高雄集會，當晚六點遊行前往新興分局前大圓環，黃信介發表談話。八點半，鎮暴警察噴射催淚瓦斯，暴徒打傷183名警員。這些暴徒其實是國民黨收買的地痞流氓，嫁禍黨外人士。13日清晨，軍警情治人員追捕黨外人士。

1980年2月，警備總部軍法處以叛亂罪起訴八人（黃信介、施明德、張俊宏、姚嘉文、林義雄、陳菊、呂秀蓮、林弘宣），一般法庭起訴楊青矗與王拓等卅二人。被告聘請十五名辯護律師（謝長廷、蘇貞昌、陳水扁等）。軍法庭判決施明德無期

幫」。當時筆者是研究生，擔任義工，曾為黃信介撰寫中山堂講稿，直到選舉停止後才離開。

徒刑，黃信介十四年徒刑，其餘六人十二年徒刑（後來減刑）。長老教會高俊明等十人，也因藏匿施明德而被判刑。此事件有「第二次二二八事件」之稱。

1986年9月28日民主進步黨在圓山飯店成立，陸續發表有關台灣主權決議文（詳見第十四講末尾）。1992年「台灣獨立建國聯盟」遷返台灣。沈建德努力十多年，有效拆穿「開羅宣言」把台灣交給中華民國的謊言。

㈣轉型正義

轉型正義（Transitional Justice）是指新興民主國家，從專制獨裁轉變到自由民主之後，追究前政府嚴重侵犯人權暴行、追討其不正當財產。丘延亮教授指出，「司法正義較單純，但是追究政治責任卻不易。歷史正義是想彰顯當時迫害的真相與過程，行政正義卻往往複雜難解，憲法正義較常在結束軍權獨裁統治的國家出現。而補償正義是最常見的，卻往往被狹隘化為『金錢補償』或

『名譽回復』，少能回復到『推想若未受迫害至今應有的實質狀態』上面思考！」

　　然而台灣卻連尋求「司法正義」都很不容易。謝聰敏指出，國民黨政府搶在1987年7月解除戒嚴前，先於六月間由立法院通過「國家安全法」，規定「刑事裁判已確定者，不得向該管法院上訴或抗告」。這等於剝奪憲法賦予受害者的訴訟權、戒嚴法賦予的上訴權或抗告權，也違反1968年聯合國「戰爭罪及危害人類罪不適用法定時效公約」。「國家安全法」再經由大法官會議解釋，確保台灣無法追求轉型正義。這等於把長期戒嚴期間的殘暴統治「再合法化」。「戒嚴時期不當審判補償條例」也使得受害人得不到「賠償」，國家只以慰問金救濟，受害人被沒收財產也尚未歸還[4]。

---

[4] 謝聰敏，〈轉型期的不義〉。

聯合國與人權：機構

　　我聯合國人民同茲決心，欲免後世再遭今代人類兩度身歷慘不堪言之戰禍；重申基本人權，人格尊嚴與價值，以及男女與大小各國平等權利之信念；創造適當環境，俾克維持正義，尊重由條約與國際法其他淵源而起之義務，久而弗懈；在大自由裡，推動社會進步與更好生活水平。

——聯合國憲章序言

　　1945年4月25日五十個國家代表聚在美國舊金山（波蘭因故未參加），召開聯合國國際組織會議，6月26日通過《聯合國憲章》。10月24日大多數簽字國遞交批准書，憲章開始生效，聯合國正式成立。

聯合國成立之宗旨有四：維持國際和平及安全；發展國際間以尊重人民平等權利及自決原則為根據之友好關係；促成國際合作，以解決國際間屬於經濟、社會、文化及人類福利性質之國際問題；構成一協調各國行動之中心，以達成上述共同目的（憲章第一條）。

聯合國系統內每個機構與專業團體，都在不同程度上，從事保護人權的工作。聯合國最偉大的成就之一，就是創造完備的人權標準與條約，提供我們國際上保護人權的法律，讓所有國家都能遵守，全體人類都能嚮往。本講各節分別介紹聯合國主要機構與其有關人權附屬機構，第六節則討論台灣與聯合國。

第一節　聯合國主要機構

㈠聯合國大會（聯大，General Assembly）：聯合國最主要的論壇，由全體192個會員國組成。每年開會，討論涉及國際法的議題，並就聯合國的運

作達成決策。聯大設置有關人權的主要附屬機構包括：第三委員會（Third Committee）；解除殖民特別委員會（Special Committee on Decolonization）；調查以色列影響佔領地區巴勒斯坦人民與其他阿拉伯人人權的實務特別委員會（Special Committee to Investigate Israeli Practices affecting the Human Rights of the Palestinian People and Other Arabs of the Occupied Territories）；2006年成立的人權理事會（Human Rights Council），取代經濟社會理事會舊有的人權委員會（Commission on Human Rights）。

㈡安全理事會（Security Council）：負責維持世界和平與安全，包含五個常任理事國與十個非常任理事國。聯合國其他機構只能對會員國提出建議，安全理事會卻能擬定決策，要求會員國執行。安理會設置人權機構，包括和平支援辦公室、建設和平委員會、建設和平基金等（詳見第十五講第二節）。

㈢秘書處（Secretariat）：為聯合國開會提供研究與資訊、設備，也執行安理會與大會、經濟社

會理事會等交付的任務。秘書長辦公室設有「維和行動部」與「裁軍事務部」，還有兩個與人權相關的附屬機構：日內瓦人權中心（Centre for Human Rights）、紐約人權高級專員辦公室（OHCHR）。

㈣經濟社會理事會（Economic and Social Council, ECOSOC）：討論國際經濟與社會議題、擬訂政策與建言的中心論壇，在推動國際發展合作方面更扮演關鍵角色；並就人權事務，向聯合國大會提出建議案。與人權有關的機構參見本講第三節。

㈤國際法院（International Court of Justice）：聯合國主要司法機關，總部設在荷蘭海牙。包含15個法官，由聯合國大會與安全理事會聯合選出。負責判決國家之間的爭端，但功能不彰。聯合國另外成立臨時性的國際刑事法庭，也籌備永久性的國際刑事法院，2002年開始獨立運作（詳見第十七講）。

㈥國際勞工組織（International Labour Organization, ILO），總部設在瑞士日內瓦，承襲自國際聯盟，1919年成立。旨在強化勞工權利，改善工作與生

活狀況，創造就業機會，提供資訊與培訓機會，加強職業安全與健康危害警示系統。它通過八個基本公約，通稱國際勞動標準，成為個別國家工會和其他運動的基礎。每年六月在日內瓦舉辦國際勞工會議，每個會員國派遣四位代表參加：兩位代表政府、另兩位分別代表雇主與勞工，享有個別投票權。

㈦其他組織：「聯合國教科文組織」留待本講第五節介紹。聯合國還有一個託管理事會（Trusteeship Council），在1994年最後託管領土帛琉獨立建國後，形同虛設（詳見第十四講自決權）。聯合國也設有其他有關人權與人道救援的辦公室與計畫、基金會，例如難民高級專員辦公室（Office of the UN High Commissioner for Refugees）、聯合國發展計畫（UN Development Programme）、世界糧食計畫（World Food Programme）、2005年成立的聯合國民主基金會（UNDEF）等。

第二節　人權高級專員辦公室

聯合國秘書處設有「人權高級專員辦公室」（Office of the High Commissioner for Human Rights, OHCHR），旨在協調聯合國有關人權的各種活動，保障全體人類充分享有憲章與人權條約明揭的各項人權。其目標包括防範人權遭到侵害、增強對於人權的尊重、促進國際合作以保護人權。該辦公室也領導與統合聯合國附屬機構的相關人權工作。

人權高級專員代表聯合國秘書長，執行協調功能，因而是聯合國人權活動的主要官員。職責包括危機處理、防範與及早預警、協助處於過渡時期的會員國、協調人權計畫之進行。日內瓦人權中心也執行高級專員擬定的政策。當前的人權高級專員是加拿大法學家阿爾布林（Louise Arbour）。

第三節　經濟社會理事會

經濟社會理事會包含54個會員國，就人權事務向聯大提出建言，並且審查人權委員會（CHR）提出的報告與決議案。專司人權工作的附屬單位，包括㈠婦女地位委員會（Commission on the Status of Women），就如何促進婦女在政治、經濟、社會、教育方面的權利，提出建議與研究報告；㈡提升婦女地位司（Division for the Advancement of Women），隸屬經濟社會事務部（Department of Economic and Social Affairs, DESA），分為性別分析組（Gender Analysis Section）、婦女權利組（Women's Rights Section）、協調與延伸組（Coordination and Outreach Unit）；㈢經濟、社會與文化權利委員會（Committee on the Economic, Social and Cultural Rights）與其申訴工作組（Working Group on Communications），負責監督《經濟、社會與文化權利國際盟約》締約國執行盟約情況；㈣防

範犯罪與刑事司法委員會（Commission on Crime Prevention and Criminal Justice），是刑事司法的主要決策機構；以及㈤人權委員會（Commission on Human Rights, CHR, 1946-2006），曾是聯合國處理人權議題的主要決策單位，起草國際人權條約與宣言，提交聯合國大會審議與表決。起初只包含18個成員國，1992年增至53個。按照地域分配，任期三年。每年三、四月間，在日內瓦召開為期六星期的年會。人權委員會中包含人權記錄不佳的會員國，例如古巴、利比亞、蘇丹和辛巴威等，互相包庇，因而遭到猛烈批評。2006年3月聯大以壓倒性票數，成立新的「人權理事會」取代之。

人權委員會設有一個「次委員會」，原稱「防範歧視與保護少數團體次委員會」（Sub-Commission on Prevention of Discrimination and Protection of Minorities），1999年改稱為「促進和保護人權次委員會」（Sub-Commission on the Promotion and Protection of Human Rights），探討當代奴隸習俗與形式（包

括強制勞動、非法領養而其實是剝削兒童、戰爭期間性奴隸）、跨國公司、監督勞工人權、消除針對婦女的暴力、保護原住民與少數團體。「次委員會」設有六個工作小組，包括原住人口工作小組（Working Group on Indigenous Populations, WGIP），也延聘特別報告人。

第四節　人權理事會

新設的人權理事會（Human Rights Council）隸屬於聯合國大會，2006年6月下旬首度在日內瓦開會。共有47個會員國，依照區域分配：亞洲13席、非洲13席、東歐6席、拉丁美洲和加勒比海地區8席、西歐及其他國家集團7席。任期三年，可連任一次。承襲過去人權委員會執掌與其特別程序（Special Procedures）（詳見第三講第二節）。

人權理事會47個成員國之產生，由聯合國大會直接、個別投票，並以絕對多數至少96票當選（過去人權委員會53個成員國，是由「經濟社會理事會」

54個成員國開會時，以出席者過半數票選出）。候選人必須宣誓促進與保護人權。聯合國大會各國代表在投票前，會先審查候選人過去的紀錄。會員國表現不佳，經聯大三分之二會員國同意，可以中止其資格。人權理事會每年開會至少三個會期，日數不少於十個星期；如有緊急情況發生，經三分之一成員國贊同，可以召開特別會期（過去人權委員會每年開會一次，固定六個星期）。

第五節　聯合國教科文組織

1945年11月聯合國教科文組織（UN Educational, Scientific and Cultural Organization, UNESCO）成立，總部設在巴黎。旨在透過教育與科學、文化，促進國際合作，貢獻於世界和平與安全。其功能是作爲「理念實驗室、標準設定者」（laboratory of ideas and a standard-setter），就新興倫理議題達成普世協議，並且基於尊重共同價值與每種文化的尊嚴，創造對話環境。

　　在人權方面，教科文組織近年來推動「文化多樣性」(cultural diversity)（詳見第六講第二節），積極推動「千禧年發展目標」，期在2015年以前，把開發中國家極端貧窮的人口減半，普及所有國家的初級教育等（詳見第十八講）。教科文組織也負責管理兩種世界文化遺產：㈠有形文化遺產，根據的是1972年制定的《保護世界文化和自然遺產公約》；㈡無形文化遺產，根據的是2003年制定的《保護無形文化遺產公約》。

　　教科文組織包含三大機構：㈠大會：由全體會員國組成，每兩年召開一次；㈡執行局：由58個會員國代表組成，為秘書處設定工作目標；㈢秘書處：為執行機構，現任總幹事為日本人松浦晃一郎。該組織在全世界設置73個辦事處，173個會員國在巴黎設有常駐代表團。

第六節　台灣與聯合國

㈠1971年驅逐蔣介石代表

1971年10月25日聯合國大會上，阿爾巴尼亞等廿三國提議「恢復中華人民共和國在聯合國組織中的合法權利問題」，以76票贊成、35票反對、17票棄權而通過，稱為「聯大2758號決議案」。決議案驅逐「蔣介石的代表」，由中華人民共和國代表取代，沿用「中華民國」國號，內容隻字未提及台灣。聯合國好比傾倒嬰兒洗澡水，卻把嬰兒（台灣）也一齊倒掉。該決議文全文如下：

　　回顧聯合國憲章的原則；考慮到恢復中華人民共和國的合法權利，對於維護聯合國憲章和聯合國組織根據憲章必須從事的事業都是必不可少的；承認中華人民共和國政府的代表是中國在聯合國組織的唯一合法代表，中華人民共和國是安全理事會五個常任理事會之一，決定恢復中華人民共和國的一切權利，承認她的政府的代表為中國在聯合國組織的唯一合法代表，並立即把蔣介石的代表

從它在聯合國組織及其所屬一切機構非法占據的席位驅逐出去。

(二)聯合國運動 (1991-)

1991年4月初，筆者以筆名萬全在「首都早報」連續發表「外交應有革命性政策」與「一族多國、和衷共濟」，有效挑起聯合國運動[1]。六月，李登輝總統提出參與聯合國。次年，立委謝長廷與章孝嚴、陳水扁與錢復在電視辯論聯合國問題。從1993年開始，台灣以「中華民國」名義申請重返聯合國，連續十四年，但都不曾排上聯合國大會議程。

2007年1月，立法院決議加入聯合國《消除一切形式婦女歧視公約》，委託友邦轉函聯合國秘

---

[1] 拙文《一族多國、和衷共濟》指出：「關公媽祖來自大陸，台灣就應該與中共統一；那麼佛祖與耶穌來自印度與以色列，台灣豈不也應該與它們統一？」「中共過去曾有阿爾巴尼亞充當傳聲筒；在合情合理範圍內，台灣最有資格擔任這種角色，例如在……問題上，台灣可在聯合國內為中共聲援。」筆者主張盡量設法消除中國敵意。當時警察每兩三天就到我住處「戶口檢查」，言論自由是天賦的？

書處，遭到秘書長潘基文具名退件。他援引聯合國2758號決議文，說明「中華人民共和國是中國在聯合國唯一合法代表」，但是歪曲主張「台灣是中華人民共和國一部分」[2]。

2007年7月陳總統請託友邦遞件，致函聯合國秘書長潘基文，以「台灣」名義申請加入聯合國[3]。法律事務廳以聯大2758號決議及「一個中國」政策為由，逕予退回。陳水扁致函指出，只有安理會及聯大才有權決定可否。八月，台灣再度提出入聯案，要求聯大列入議程。九月十八日聯大開議，總務委員會議決不列入聯大議程。

(三)問題癥結

1971年聯合國解決中國代表權問題，卻把台

---

[2] 扁政府申請錯對象。庫克群島（Cook Islands）不是聯合國會員國，但在2006年加入此公約。

[3] 申請加入聯合國不一定需要使用國號，例如西薩摩亞以薩摩亞申請、馬其頓以「前南斯拉夫馬其頓共和國」申請，筆者最早向某大官提出此議。

灣排除於大門外。台灣合乎「國家」要件嗎？
當然。1933年《孟特維德亞國家權利與責任公
約》(Montevideo Convention on the Rights and Duties of
States)第一條規定：「國家作為國際法人格，應
具有下列條件：常住的人民、確定的領土、政
府、與其他國家建立關係的能力。」[4]準此以衡，
台灣是個不折不扣的國家。公約第三條第一句
甚至說：「國家的政治存在，不必其他國家承
認。」[5](The political existence of the state is independent

---

[4] The state as a person of international law should possess the
following qualifications: (a) a permanent population; (b) a
defined territory; (c) government; and (d) capacity to enter into
relations with the other states.

[5] 歐洲聯盟也持這種主張。1991年克羅埃西亞與馬其頓、斯
洛維尼亞要求歐洲聯盟與其會員國承認，巴丁特仲裁委
員會（Badinter Arbitration Committee）判定他們的請求，
合乎歐盟部長理事會（Council of Ministers）規定的條件。
委員會發表第一號意見，表示：「國家通常是界定為一個
社群，這個社群包含隸屬於有組織的政治當局的領土與
人口；這種國家的特徵就是主權」，而且「其他國家承認
的效力純粹是宣示性的」(the effects of recognition by other
states are purely declaratory)。此即所謂的「宣示性國家理

of recognition by the other states.）

　　台灣具備加入聯合國資格嗎？當然當然。聯合國憲章第四條規定會員資格：「一、凡其他愛好和平之國家，接受本憲章所載之義務，經本組織認為確能並願意履行該項義務者，得為聯合國會員國。二、准許上述國家為聯合國會員國，將由大會經安全理事會之推薦以決議行之。」[6]第一款可稱為積極條款，台灣完全具備；第二款可稱為消極條款，台灣應該加強溝通。申請入聯應該設法先在國內外取得共識，把阻力極小化，把助力極大化。搞得美國與歐盟齊聲反對，豈非敗事

論」（declarative theory of statehood）。1988年巴勒斯坦國在阿爾及耳宣布成立，已獲百餘國承認，但是這個國家果真具有主權？所以，台灣邦交國不多，根本不必氣餒。

[6] 1.Membership in the UN is open to all other peace-loving states which accept the obligations contained in the present Charter and, in the judgment of the Organization, are able and willing to carry out these obligations.

2.The admission of any such state to membership in the United Nations will be effected by a decision of the General Assembly upon the recommendation of the Security Council.

有餘？

　　由於中華人民共和國的外交運作，聯合國大部分會員國普遍認知「台灣是中國的一省」。聯合國統計局把台灣寫為Taiwan, Province of China，代號158，代碼TWN。江澤民更稱呼台灣為「叛亂的一省」。有人主張台灣已經事實獨立（de facto independence），但未具備法理（de jure）獨立，因此需要宣布獨立；也有人認為台灣已經獨立，只待正名。

　　2007年7月，台灣外交部向日內瓦一家法院控告「國際標準組織」（ISO），要求以「中華民國台灣」取代「中國台灣省」。該組織編製「國名與國碼表」，廣獲國際機構採用。

聯合國與人權：機制

人權應該受到法治保護，以免人類被迫反叛暴政與壓迫。

——《普世人權宣言》序言

人權和基本自由，都是透過法律架構實施和享有的。

——《人權捍衛者宣言》[1]第三條

聯合國為了提高世人尊重人權，並且促進其

[1] 該宣言在1998年由聯大通過，正式名稱為《關於個人、社會組織、機構促進和保護普遍承認的人權和基本自由的權利和責任宣言》（Declaration on the Right and Responsibility of Individuals, Groups and Organs of Society to Promote and Protect Universally Recognized Human Rights and Fundamental Freedoms）。

實現，採取三種途徑：㈠建立國際人權標準；㈡建立機制，保護與監督人權執行情況；㈢提供會員國諮詢服務與技術協助。本講將依序介紹這三個途徑，並在末尾介紹國內外三個重要的人權組織。

第一節　建立國際人權標準

聯合國憲章與《普世人權宣言》是聯合國所有人權文獻的基礎。眾多會員國之間，存在著不同的政治意識形態、宗教信仰、種族、文化背景，經濟發展程度也不一。想在這種差異極大的國際社會中，建立能被各種國家與團體共同接受的人權標準，非常艱難。

1948年12月，聯合國經過三年多的激辯與折衝，通過《普世人權宣言》。人權理念必須制定為具體法律，才會更有效力。六十多年來，聯合國通過許多有關人權的決議案與宣言、條約。其中的九部條約俗稱「核心人權條約或工具」（core human rights treaties/instruments），每部都設置有監督機關（稱為委員會committees），其中四部附有任擇議定書（optional protocols）。參見下表：

表3-1　聯合國九部核心人權條約與其監督機關

（※代表接受締約國公民申訴之委員會）

1	經濟與社會、文化權利國際盟約
	監督機關：※人權委員會
2	公民與政治權利國際盟約
	第一任擇議定書 第二任擇議定書：旨在消除死刑
	監督機關：經濟與社會、文化權利委員會
3	消除一切形式種族歧視國際公約
	監督機關：※消除種族歧視委員會
4	消除一切形式婦女歧視公約
	任擇議定書
	監督機關：※消除婦女歧視委員會
5	反對酷刑和其他殘忍、不人道或有辱人格的待遇或處罰公約
	任擇議定書
	監督機關：※反酷刑委員會
6	兒童權利公約
	第一任擇議定書：關於兒童捲入武裝衝突 第二任擇議定書：關於販售兒童與兒童從娼、兒童色情

6	監督機關：兒童權利委員會
7	保護所有移徙勞工與其家眷權利國際公約
	監督機關：※移徙勞工委員會
8	身心障礙者權利公約（2006年通過，尚未生效）
	任擇議定書
	監督機關：※身心障礙者委員會（尚未成立）
9	保護所有人免遭強迫失蹤國際公約 （2006年通過，尚未生效）
	監督機關：強迫失蹤委員會（尚未成立）

製表：蔡百銓

聯合國也通過其他許多人權文獻，例如《給予殖民地國家和人民獨立宣言》、《關於自然資源永久主權的決議》、《防止及懲治滅絕種族罪公約》，聯合國教科文組織《動物權利普世宣言》、《關於促進和保護人權的國家機構的地位的原則》（巴黎原則）、《國際反貪污公約》、《關於難民地位公約》、《老人宣言》等。

第二節　監督各國人權情況

聯合國為了監督會員國執行人權公約與保護人

權的情況，設置兩種機制：公約機制（conventional mechanisms）與特別程序（special procedures）或公約外機制。

㈠公約機制

聯合國根據九部核心人權條約之規定，分別成立對應的委員會（也稱為條約機關 treaty bodies），監督締約國執行該人權條約的情況。這九個委員會已分別列在上一節表格裡，此處補充說明兩點：⑴「經濟與社會、文化權利委員會」是聯合國「經濟社會理事會」成立的，向理事會報告。其他委員會都由締約國選出，都向聯合國大會報告；⑵「消除婦女歧視委員會」在紐約聯合國總部開會，獲有經濟社會理事會的「提升婦女地位司」支持；人權委員會通常在紐約召開三月會期，其他委員會在日內瓦開會，獲有「高級人權專員辦公室」的「條約與委員部門」（Treaties and Commission Branch）支持。

這些委員會的職責是監督締約國執行人權條

約的情況，負責審查締約國的報告書。會員國加入一部人權公約，通常在一、兩年內，應向委員會提交第一份報告書，然後每隔兩年、四或五年再繳交報告書，報告執行該人權公約的情形。委員會審查報告書，同時也參考其他資料，例如從非政府組織、聯合國機構、其他政府間組織、學術機構、媒體報導，進一步了解其情形。然後，委員會發表其關切與建議，稱爲總結觀察（concluding observations）；委員會也詮釋相關人權公約的內容，稱爲一般評論（general comments）。

此外，1970年經濟社會理事會制定「1503程序」（1503 Procedure）：締約國公民認爲自身人權遭到侵犯，在其本國試過所有辦法，仍然無法獲得救濟者，可以具名向相關委員會提出書面申訴。現有五個委員會接受締約國個人申訴：人權委員會、反酷刑委員會、消除種族歧視委員會、消除歧視婦女委員會、移徙勞工委員會。身心障礙者委員會成立後，也接受個人申訴。

委員會之間也進行橫向溝通，分爲兩種：(1)

年度主席會議（Annual Meeting of Chairpersons）：
1984年首度召開，各委員會主席共商如何提高
委員會功能。自從1999年，各委員會主席也與
人權委員會（CHR）的國家委託與主題委託（詳
下）負責人開會，討論加強委員會與「特別程序」
之間的資訊交流、人權享受全球化、反恐措施
與人權等議題；(2)委員會間會議（Inter-Committee
Meeting）：2002年在日內瓦首度召開，協調委員
會之間的工作方法，討論的內容更加細膩。

（二）**特別程序**（公約外機制）

聯合國前秘書長安南說：「特別程序讓沒有
聲音的受害者發聲。」「特別程序」不是根據人
權條約，而是根據「經濟社會理事會」人權委
員會（CHR）規定行事。這種公約外機制（extra-
conventional mechanisms）更能有彈性地回應嚴重侵
犯人權的情勢，可以分為兩種：

(1)國家委託（country mandates）：是指「人權理
事會」派遣特別報告人（Special Rapporteurs）或者代

表、獨立專家、工作組，前往某個特定國家或領
土進行調查。

⑵主題委託（thematic mandates）：是指針對某個
人權主題，進行調查、監督、撰寫報告。例如聯
合國大會指派「調查武裝衝突裡的兒童秘書長特
別代表」，人權委員會也派遣「探討國內流徙人
員秘書長特別代表」。其他調查主題還有任意拘
留、當代種族主義形式、種族歧視、排外現象與
相關不寬容；外債對於充分就業與經濟、社會、
文化權利的影響；非法棄置有毒廢物與危險產品
對於人權享有之影響、強迫或非志願失蹤；法外
或簡易、任意處決；言論與表達自由；人權與赤
貧；法官與律師獨立性；宗教不寬容；發展權；
教育權；買賣兒童；兒童娼妓與色情；結構調整
政策；刑求；使用雇傭兵；施暴婦女。

2007年7月，聯合國共有十三項國家委託與廿
九項主題委託正在進行。特別程序也包含法律
專家組成的工作組（Working Group），通常五人一
組，目前共有三個：任意拘禁工作組、強迫或非

志願失蹤工作組、使用雇傭兵破壞民族自決權工作組。

第三節　提供人權諮詢服務與技術協助

1955年聯合國開始應會員國要求，提供小規模諮詢服務，1987年秘書處成立「諮詢服務與技術援助志願基金會」（Voluntary Fund for Advisory Services and Technical Assistance）。近年來，聯合國人權中心（Centre for Human Rights）與選舉協助司（Electoral Assistance Division）接獲越來越多的技術協助請求：

㈠協助會員國改革國家法律：把國際人權規範併入國內法律與憲法，去除其違反人權的內涵，例如協助保加利亞與馬拉威、蒙古起草新憲法與法律。

㈡支持會員國民主化，提供選舉程序諮詢，例如協助羅馬尼亞與賴索托等國準備選舉的法律與技術協助。

㈢協助會員國起草相關法律與撰寫人權報告書。另外，也在非洲與拉丁美洲、亞洲、太平洋舉辦區域與次區域的訓練課程。

㈣增強國家與地區性的人權機制。

㈤訓練刑事司法人員，例如法官、律師、檢察官、警察。

㈥協助舉辦人權訓練講習課程，提供資訊與獎學金。

聯合國也推動《人權教育十年行動計畫》（1995-2004），籲請各國政府將人權教育目標，指向充分發展人格與加強尊重人權和基本自由。十年結束後，繼續推動該計畫。此外，聯合國相信，想要創造無所不在的人權文化，需要建立全球夥伴網絡。人權高級專員也與活躍者建立夥伴關係，包括聯合國體系裡的計畫與機構、各國政府、學術界、具有奉獻精神的個人與非政府組織、國際非政府組織等。

第四節　國際監督人權機構

國際上監督人權的機構，除了聯合國之外，還有歐洲人權法院（European Court of Human Rights）、歐盟基本權利機構、美洲國家人權委員會、美洲人權法院、非洲人權和民族權委員會、國際人權聯盟（International League for Human Rights）、國際人權聯合會（International Federation for Human Rights）、保護人權反奴役協會（Anti-Slavery Society for the Protection of Human Rights）、香港人權監察等。台灣人權團體眾多，例如台灣促進和平文教基金會、台灣苦勞網、人權教育基金會等。底下介紹三個國內外重要的人權團體：

㈠台灣人權促進會

「台灣人權促進會」是個民間人權組織，1984年12月10日成立。主要工作目標：調查侵犯人權案件，提供協助，代為要求救濟；監測國家

及強勢勢力可能侵犯人權的作為，並於必要時
採取行動；依據國際人權標準，評析國內憲
法及法律，推動修法與立法；推廣人權理念
及教育，培訓人權工作者；與國外其他民間
組織進行經驗交流、資源合作及彼此支援。
台權會推動數項重大人權工作：與其他民間團
體合作，於2000年完成「國家人權委員會組織法
草案」；把兩部盟約國內法化；推動加入聯合國
〈消除一切形式婦女歧視公約〉和〈兒童權利公
約〉、〈禁止酷刑公約〉。據稱這三個公約開放給
所有國家加入，不限於聯合國會員國。

㈡自由之家

　　1941年自由之家（Freedom House）在紐約成
立，是由美國總統羅斯福夫人艾蓮諾（Eleanor
Roosevelt）與民主人士發起的。起初是為對抗納粹
德國的威脅，後來致力於推廣全球公民權與政治
權。其基金約有75%來自美國聯邦政府。

　　「自由之家」每年都對世界各國的公民自由與

政治權利分別評分，再依其總分數，分別評定爲自由（Free）、部分自由（Partly Free）、不自由（Not Free）三個等級。1996年台灣總統直選，次年首次把我國列爲「自由國家」。2007年我國的評分，「公民自由」仍然列在第一級，「政治權利」則由第一級降爲第二級，說明是因爲貪瀆使然。2007年9月，自由之家指責布希總統不應與中國聯手，試圖阻止台灣的入聯公投。

㈢國際特赦組織

國際特赦組織是在1961年由英國律師本尼森（Peter Benenson）與友人所成立的。稍早，他閱報得知兩位葡萄牙學生爲自由舉杯飲酒（toast to freedom），居然因此被判刑七年。他投書觀察家報「被遺忘的囚犯」（"The Forgotten Prisoners"），呼籲讀者寫信支持這兩位學生。起初，國際特赦組織（Amnesty International, AI）專注於《普世人權宣言》第18與19條有關意見自由的條文，聲援因爲思想而入獄的良心犯（Prisoners of Conscience），但

不包括主張暴力者（例如曼德拉）。

　　國際特赦組織目前在五大領域努力：維護良心犯與婦女、兒童、難民權利、終止酷刑。其他目標包括廢除死刑、結束法外處決與強迫失蹤、確保監獄環境符合國際人權標準、政治犯應受立即與公正審判、確保舉世兒童獲得免費教育、結束童兵、釋放所有良心犯、促進邊緣社群的經濟與社會及文化權利、保護維護人權者、促進宗教寬容、結束酷刑與虐待、結束武裝衝突裡的非法殺害、維護難民與移民及尋求庇護者的權利。

　　2005年國際特赦組織會員已有兩百萬，分布於150多個國家與領土。全世界設有52個區（sections）與21個結構（structures）。「區」包括台灣區、比利時弗萊明語區、比利時法語區、香港區、波多尼各區、英國區等。「結構」規模較小，擴大後可以提升為區。不隸屬於區或結構的散戶，稱為國際會員。英國總部設有三個重要機構：國際秘書處、國際執行委員會、國際理事會。

普世人權宣言

人人生而自由，在尊嚴與權利上一律平等。他們具有理性與良心，應以弟兄之情互相對待[1]。

——《普世人權宣言》第一條

聯合國憲章揭櫫「提倡和鼓勵尊重人權，尊重全體人類的基本自由，不論種族、性別、語言和宗教」（第一條第三款）。1948年12月10日，聯大通過《普世人權宣言》。這是維護人類基本權利的最基本文獻，不具備法律約束力，但是衍生出兩部國際盟約。本講將分別介紹這部宣言的制定過

---

[1] All human beings are born free and equal in dignity and rights. They are endowed with reason and conscience and should act towards one another in a spirit of brotherhood.

程、紛爭與內容以及台灣相關的宣言（「台灣人民自救運動宣言」、「人權宣言」），並重新翻譯《普世人權宣言》作為本講的附錄。

第一節　宣言制定過程

1946年聯合國大會首次會期，責成「經濟社會理事會」準備一份國際人權清單。理事會在其首屆會期，成立人權委員會（Commission on Human Rights, CHR），由羅斯福總統遺孀艾蓮諾（Eleanor Roosevelt）主持，其下成立起草委員會，包括兩名副主席中國人張彭春與法國人卡森（René Cassin）、以及黎巴嫩人馬利克（Charles Habib Malik）、加拿大人韓福瑞（John Peters Humphrey）、中國人吳德耀、法國人馬坦（Jacques Maritain）等。曾有1300多個非政府組織參與討論。

起草期間，對於宣言是否應該具備國際法效力，產生兩種看法。一派認為應該具備，主要是小國家。另一派認為能就宣言達成協議，已經相

當困難，主張先發表一篇宣言，再制定具有法律約束力的國際盟約。後者獲勝。起草委員會成立三個工作組，分別負責草擬宣言、國際盟約、規定執行事宜。人權委員會決定以「國際人權清單」稱呼這系列文獻。

1948年5、6月間，人權委員會參酌各國政府意見，修正人權宣言草案，但是無暇討論國際盟約與執行事宜。最後，經濟社會理事會把《普世人權宣言草案》，提交聯合國大會審議與表決。聯合國大會58個會員國逐字逐句，嚴格審查，總共投票1400次。十二月十日，聯合國大會終於在巴黎夏洛宮（Palais de Chaillot）通過《普世人權宣言》。在58個會員國中，48個投票贊成，8個棄權（包括南非與沙烏地阿拉伯、六個蘇聯集團國家），兩國代表缺席，沒有人投反對票。

第二節　意識形態紛爭

聯合國會員國對於某些問題歧見很大：婦女

和少數民族權利、宗教自由、人類生命從什麼時候算起、言論自由應該保護到何種程度、持有不同政見的權利等。在自由和民主方面，西方和東歐國家分歧更嚴重。羅斯福夫人說，蘇聯不存在真正的個人自由，個人權利服從於國家。蘇聯與其衛星國家代表反駁，個人主義導致經濟剝削，經濟權比政治權更重要。英國代表回答：人權宣言要為全體人類樹立的是自由人典範，不是吃飽肚子的奴隸典範。蘇聯代表認為，人權宣言過度強調十八世紀權利（第一世代人權）。哲學和意識形態辯論，貫穿宣言起草過程。共產國家代表有時候一口氣講個八小時，試圖使宣言措辭符合其觀點。南非同年開始實行種族隔離，是棄權國之一。回教國家沙烏地阿拉伯也棄權，認為宣言過於西方化，例如宣言第16條婚姻條款牴觸古蘭經規定[2]。

---

[2] 古蘭經規定：「穆斯林男子可以娶基督教或猶太教女子」
　（五：5）；「穆斯林男子可以娶無信仰女子，但是妻子必
　須歸順伊斯蘭。穆斯林女子不可以嫁給基督教或猶太教、

「普世人權宣言」廣被各國憲法、憲法法庭、學術界引用，佐證其本身立場。有些國際法學者視之為國際習慣法，但是學術界對此還沒有共識。宣言常被援引，對付迫害人權的政府，施加外交與道德壓力。

第三節　內容分析

《普世人權宣言》序言指出，「鑒於承認人類家庭所有成員的固有尊嚴與其平等及不移的權利，乃是世界自由與正義、和平的基礎」，以及「普通人民已經表明，其最高願望是人人享有言論與信仰自由、以及免於恐懼與匱乏的世界之來臨」，大會乃通過這篇宣言，做為「所有民族與國家的共同成就標準」（a common standard of achievement for all peoples and all nations）。正文總共三十條，內容分析如下：

無信仰男子，除非該男子皈依伊斯蘭。」（二：221）

㈠**基本原則**（前兩條）

第一條立下哲學基礎：「人人生而自由，在尊嚴與權利上一律平等。他們具有理性與良心，應以弟兄之情互相對待。」這表明自由權與平等權乃是人類天生權利（birthright）；人類是理性與道德生物，乃能享有若干權利與自由。第二條在享有人權與基本自由方面，設定平等與不歧視的基本原則：「不做任何種類之區別，例如種族或膚色、性別、語言、宗教、政治、其他見解、國籍或社會出身、財產、出生或其他身分。」

㈡**公民權與政治權**（第三到廿一條）

這部分屬於第一世代人權。第三條是第一塊基石，宣布「人人都享有生命與自由、人身安全的權利」，這是享有其他權利的基本條件。本條引介第四到第廿一條內涵，鋪陳公民權與政治權：禁止奴隸；禁止酷刑或殘忍、不人道、侮辱人格的待遇或懲罰；以人格作為法律主體；法律

地位平等；基本權利遭到侵害時之要求救濟；逮捕或拘禁、放逐之限制；法庭公正審訊；無罪推斷、禁止溯及既往；保護私生活、榮譽與信用；自由遷徙與居住；免於迫害而尋求外國庇護；享有國籍；婚姻與成立家庭之權利；財產權；思想與良心、宗教自由；意見與表達自由；集會與結社自由；參政權。

(三)經濟權、社會權、文化權（第廿二到廿七條）

這部分屬於第二世代人權。第廿二條是宣言的第二塊基石，宣布「人人身為社會成員，有權享有社會安全，也有權透過本國努力與國際合作，實現與其尊嚴及人格自由發展不可或缺的經濟與社會、文化權利」。本條條文開啟第廿三到廿七條規定的經濟權、社會權、文化權。這些權利是「人人身為社會成員」應該享有的，包括工作權、休憩與閒暇權、確保生活水準、受教育權利、文化權。

(四)總結（第廿八到三十條）

人人有權要求一種社會與國際秩序，以充分實現本宣言所載的權利與自由；人人都對社群負有責任，在行使權利與自由時，只受到法律限制，且不得違背聯合國宗旨與原則；不允許破壞宣言所載任何權利與自由的活動或行為。

第四節　台灣相關宣言

㈠台灣人民自救運動宣言（1964）

台灣最近半世紀人權運動的訴求，其實早在1964年「台灣人民自救運動宣言」就已經定調。該宣言主張「一中一台、制定新憲法、總統普選、保障基本人權、以新國家身份加入聯合國」等，如今有些目標已經達成，有些仍在努力中。

1964年9月20日，謝聰敏與其老師彭明敏教授、同學魏廷朝發表這篇宣言[3]。他們拆穿反攻

---

[3] 在印刷廠時，事洩被捕。謝聰敏判刑十年，另兩人各判八年。後來彭明敏獲得特赦，逃至瑞典，1992年返國，1996年與謝長廷搭檔競選總統。謝聰敏近年來調查拉法葉艦軍

大陸的神話，提出台灣人民自救之道：在中國國民黨與共產黨之外，走出一條生路；呼籲台灣全體人民「不分省籍，竭誠合作」。如今讀來，歷久彌新。

「宣言」開頭是一段序言，詮釋自救運動。接著提出七項議題：「一個中國一個台灣」早已是事實！反攻大陸絕對不可能！為什麼蔣介石仍然高喊反攻大陸？蔣介石政權代表誰？台灣經濟發展面臨兩大問題（龐大軍隊組織、激增人口）；台灣足以構成一個國家嗎？不能期待漸進式改革。

基於這些認識，「宣言」擬定三個目標：（甲）建設新國家，成立新政府；（乙）重新制定憲法，保障基本人權，實行真正民主政治；（丙）以自由世界一份子，重新加入聯合國。宣言接著

購案，已為台灣爭回約十一億新台幣的回扣。據其自述，任教陸軍官校期間，曾有理化系主任翟恆教官（孫立人部屬）以法國人拉法葉（La Fayette）參加美國與法國大革命為例，勉勵台籍人士效法。他自嘲一生與拉法葉結下不解之緣。他著有前衛出版《談景美軍法看守所》與自印《黑道治天下》等書。他一生入獄兩次，坐牢十一年半。

提出八個原則：由普選產生國家元首；保障集會、結社和發表的自由，實行政黨政治；消滅特權；樹立健全的文官制度；保障司法獨立，嚴禁非法逮捕、審訊與刑罰；廢止特務制度；確保人民通信、遷徙與旅行自由；以自衛爲原則，裁減軍隊等。

最後，「宣言」呼籲：「我們更要在國民黨與共產黨之外，從台灣選擇第三條路——自救的途徑。讓我們團結奮鬥，摧毀蔣介石的暴政，建設我們的自由國土。」

㈡人權宣言：建立新而獨立的國家（1977）

1970年代，台灣基督長老教會高舉「自決權」。在總幹事高俊明牧師領銜下，先後發表三篇聲明：國是聲明、我們的呼籲、人權宣言（詳見第十四講第二節）。人權宣言於1977年8月發表，主張建立台灣爲「新而獨立的國家」。當時美國國務卿范錫即將訪問中國，長老教會擔心美國將和台灣斷交，第七艦隊撤離台灣海峽，台灣生存

將面臨威脅。

「人權宣言」說道：「卡特先生就任美國總統以來，一貫採取人權為外交原則……。我們要求卡特總統……在與中共關係正常化時，堅持保全台灣人民的安全、獨立與自由。面臨中共企圖併吞台灣之際……我們堅決主張：台灣的將來應由台灣一千七百萬住民決定。為達成台灣人民獨立及自由的願望，我們促請政府於此國際情勢危急之際，面對現實，採取有效措施，使台灣成為一個新而獨立的國家。」[4]

2007年8月長老教會紀念宣言三十周年，總幹事羅榮光闡釋「新而獨立的台灣國」內涵：⑴新文化：發展多元族群融合以及海洋國家的獨特性文化；⑵新國民：凡認同與效忠台灣的台灣住

---

[4] 三十年後，高俊明牧師追憶，長老教會總會表決人權宣言時，國民黨派來四名官員「請安」。原本準備舉手表決，臨時改為秘密投票。全體牧師高唱馬丁路德宗教改革詩歌，邊走邊唱邊流淚。最後以235比49票通過。他們事先都已寫好遺書。

民，均為台灣國國民；⑶新國名：正名為台灣
國；⑷新憲法：制訂新憲法，確保人權、環保權
與社會權，特別保障弱勢族群與團體權益；⑸新
外交：拓展政府與民間合作的全方位外交，並以
台灣國名義加入聯合國與各種國際組織。

附記：非西方世界歷史人權宣言

人權不是西方專利，非西方世界也有人權文
獻，例如：

㈠孔子「禮運大同篇」：孔子生於春秋末期，
戰禍連年，堪與二次大戰比擬。「普世人權宣
言」希望杜絕戰禍，「禮運大同篇」希望促成大同
世界實現，內容兼含三世代人權。

㈡波斯居魯士圓筒（Cyrus Cylinder）：公元前539
年居魯士大帝征服巴比倫，在泥土圓筒刻下諭
令，內容分為六類：反對暴政與壓迫；皇帝世系
表；締造和平，取消奴工，宗教寬容；祈求神祇
保佑自己與甘比西士；祈求國泰民安；大興土

木。

　㈢印度阿育王敕令（Edicts of Ashoka）：公元前三
世紀發布，由卅三塊鐫文構成，內容分為五類：
自述征服東印度濫肆屠殺，改信佛教；弘揚佛法
於國內外；道德教訓：行為端正、尊重父母、慷
慨對待朋友、宗教寬容、善待囚犯、愛護動物；
宗教訓誡：學習與實踐佛法、敬愛佛法僧、信仰
來世、尊重與學習其他宗教的善良教義；社會福
利：以醫藥治療人類與動物、在路旁種植樹木與
挖井建屋，以利行旅。

附錄：《普世人權宣言》
（蔡百銓翻譯）

1948年12月10日，聯合國大會通過並頒布《世界人權宣言》，其全文如下：

繼這項歷史行為之後，大會要求所有會員國公佈這份宣言正文廣為宣傳，並且不分國家或領土的政治地位如何，主要在各級學校與其他教育機構加以傳播與展示、閱讀、闡釋。

序言

鑒於承認人類家庭所有成員的固有尊嚴與其平等及不移的權利，乃是世界自由與正義、和平的基礎。

鑒於蔑視與侮蔑人權已經發展為野蠻暴行，

玷汙人類良心，而且普通人民已經表明，其最高
願望是人人享有言論與信仰自由、以及免於恐懼
與匱乏的世界之來臨。

鑒於人權應該受到法治保護，以免人類被迫
反叛暴政與壓迫。

鑒於促進各國之間友好關係發展之必要。

鑒於聯合國諸民族已在憲章中，重申他們對
於基本人權與人格尊嚴、價值以及男女權利平等
的信念，並且決心在更大自由裡，促進社會進步
與提高生活水平。

鑒於各會員國已經發誓，願與聯合國合作，
以促進普遍尊重與遵守人權與基本自由。

鑒於普遍了解這些權利與自由，對於這個誓
願之充分實現是最重要的。

因此，大會現在發布這篇「普世人權宣言」，
做為「所有民族與國家的共同成就標準」；為了
這個目的，每個個人與社會機構應該經常銘記本
宣言，努力透過教誨與教育，促進尊重權利與自
由，並且透過國內與國際的進步措施，使這些權

利與自由在各會員國人民本身、與其管轄下領土人民之間，獲致普遍與有效的承認與遵行。

〔基本原則〕

第一條（自由平等）

人人生而自由，在尊嚴與權利上一律平等。他們具有理性與良心，應以弟兄之情互相對待。

第二條（無差別享有權利與自由）

人人都有資格享有本宣言所載一切權利與自由，不做任何種類之區別，例如種族、膚色、性別、語言、宗教、政治或其他見解、國籍或社會出身、財產、出生或其他身分。

不只如此，也不得基於其所屬國家或領土的政治或者行政、國際地位而有區別，不論它是獨立或是託管、非自治、主權受到其他任何限制。

〔公民與政治權利〕

第三條（生命、自由、人身安全）

人人都享有生命與自由、人身安全的權利。

第四條（禁止奴隸）

人人都不應該被人奴隸或奴役；一切形式的
奴隸制度與買賣都應該禁止。

第五條（禁止酷刑、不人道待遇）

人人都不應該受到酷刑或是殘忍、不人道、
侮辱人格的待遇或懲罰。

第六條（以人格作為法律主體）

人人在任何地方，在法律之前都有權被承認
其人格。

第七條（法律地位平等）

法律之前，人人平等，並有權獲得法律平等
保護，不受任何歧視。人人有權獲得平等保
護，不受任何違反本宣言的歧視，也不受任
何煽動這種歧視的行為之害。

第八條（基本權利遭到侵害時之救濟）

當憲法或法律賦予的基本權利遭到侵害時，人人有權享有能夠勝任的國家法庭之有效補救。

第九條（逮捕或拘禁、放逐之限制）

人人都不應該受到任意逮捕或拘禁、放逐。

第十條（法庭之公正處理）

在辨認權利與義務以及遭到任何刑事指控時，人人都有資格充分平等地接受獨立公正的法庭之公正公開的審訊。

第十一條（無罪推斷原則、罪行法定主義、禁止溯及既往）

⑴受到犯罪指控者，在根據法律公開審訊判決有罪前，都有權利被視為無罪；而在這種公開審訊裡，他享有為自己辯護的所有必要保證。

⑵任何人的任何行為或不行為，當其發生時，依國內法或國際法都未構成刑事罪者，不得判處刑事罪。刑罰也不得重於犯罪時適用的法律之規定。

第十二條（保護私生活、榮譽與信用）

任何人的隱私與家庭、住宅、通信都不得任意干涉，其名聲與信譽不得受到攻擊。

人人有權享有法律保護，不受這種干涉或攻擊。

第十三條（自由遷徙與居住）

⑴人人在其國境內，有權自由遷徙與居住。

⑵人人有權離開與返回任何國家，包括其本國在內。

第十四條（免於迫害之庇護）

⑴人人有權在其他國家尋求與享受庇護，以免受到迫害。

⑵在真正由於非政治性罪行、或是違反聯合國宗旨與原則之行為而被起訴的情況，這種權利不得援用。

第十五條（享有國籍）

⑴人人有權擁有國籍。

⑵國籍不得任意剝奪，改變國籍的權利也不得否定。

第十六條（婚姻、家庭之權利）

⑴成年男女有權婚嫁與成立家庭，不受種族或國籍、宗教限制。他們在結婚與婚姻期間、離婚時，享有平等權利。

⑵唯有有意結婚者自由與充分同意，婚姻才能成立。

⑶家庭是社會的自然與基本的團體單元，應該受到社會與國家保護。

第十七條（財產權）

⑴人人都有單獨擁有以及與人共有財產的權利。

⑵任何人的財產都不得任意剝奪。

第十八條（思想、良心、宗教自由）

人人享有思想與良知、宗教自由的權利；這種權利包括單獨或與別人集體改變宗教或信仰，以及公開或私下以教學與實踐、信仰、遵守來彰顯其宗教或信仰的自由。

第十九條（意見與表達自由）

人人有權享有意見與表達的自由；這種權利包括持有意見不受干涉、以及透過媒體尋求

與接受、傳播訊息的自由，不受國界限制。

第二十條（集會、結社自由）

⑴人人有權享有和平集會與結社的自由。

⑵人人不得被迫隸屬某個社團。

第廿一條（參政權）

⑴人人有權直接或是透過自由選出的代表，參與本國政府。

⑵人人有權平等從事本國公職（公共服務）。

⑶政府權威應該以人民意志為基礎；這種意志應該以定期與真正的選舉來表達，選舉則應該依據普遍與平等的參政權，也應該以秘密投票或以平等自由投票程序進行。

〔社會權、經濟權、文化權〕

第廿二條（社會安全權）

人人身為社會成員，有權享有社會安全，也有權透過本國努力與國際合作，實現與其尊嚴及人格自由發展不可或缺的經濟與社會、文化權利。

第廿三條（工作權）

⑴人人享有工作與自由選擇職業、公正且有利
工作條件、免於失業的保障的權利。

⑵人人享有同工同酬的權利，不受任何歧視。

⑶工作者有權享有公正與合適的報酬，保證
他本人與家屬享有符合人類尊嚴的生活條
件，必要時並輔以其他方式的社會保障。

⑷人人有權為維護其利益而組織與參加工會。

第廿四條（休憩與閒暇權）

人人享有休憩與閒暇的權利，包括工時應有
合理限制與定期有給假日。

第廿五條（確保生活水準）

⑴人人有權享有維持他本人與家屬的健康與
福利需要的生活水準，包括食物與衣著、
住宅、醫療、必要的社會服務；在遭到失
業、疾病、殘廢、守寡、衰老、或在其他
超乎其控制情況下喪失謀生能力時，有權
享受保障。

⑵母親與兒童有權享有特別照顧與協助。所有

兒童不論婚生或非婚生，應該享有相同的社會保護。

第廿六條（受教育權利）

(1)人人有權接受教育。教育應該免費，至少在初級與基本階段。初級教育應該屬於義務性質。技術與職業教育應該普遍設置。高等教育應該根據成績而對所有人士平等開放。

(2)教育的宗旨在於充分發展人格（personality），並且加強尊重人權與基本自由。教育應該促進各個國家或種族、宗教集團之間的了解與容忍、友誼，並且應該促進聯合國維護和平的活動。

(3)父母對於子女應受教育的種類，享有優先選擇的權利。

第廿七條（文化權）

(1)人人有權自由參加社群文化生活，享受藝術，並且分享科學進步與其利益。

(2)人人對於自己創造的任何科學或文學、美術

作品產生的精神與物質利益，享有受到保護的權利。

〔結論〕

第廿八條（要求社會與國際秩序）

人人有權要求一種社會與國際秩序，以充分實現本宣言所載的權利與自由。

第廿九條（社群義務）

⑴人人都對社群負有責任，其人格唯有在社群中才能獲得自由與充分發展。

⑵人人在行使權利與自由時，只受到法律規定的限制，這種限制的唯一目的在於保證承認與尊重別人的權利與自由，以及符合民主社會裡對於道德與公共秩序、一般福利的公正要求。

⑶這些權利與自由的行使，不論任何情況，均不得違背聯合國宗旨與原則。

第三十條（不承認破壞宣言之活動）

本宣言任何條文的詮釋，不得暗示任何國家

或集團、個人有權從事任何旨在破壞本宣言所載任何權利與自由的活動或行爲。

第一世代人權：
公民權與政治權

確認根據普世人權宣言，只有在創造使人可以享有其經濟、社會及文化權利，正如享有其公民和政治權利一樣條件的情況下，才能實現自由人類享有免於恐懼和匱乏的自由之理想。

——兩部盟約共同序言

公民權與政治權互為表裡，屬於第一世代人權。人權泛指全體人類應有的權利，公民權則指國家以法律形式，保障全體國民的個人權利。公民權包括自決權、生命權、言論、集會、結社、出版、信仰自由、財產權、遷徙權、訴訟權、公

正審判權、請求國家救助權等。公民權與公民自由（civil liberties）通常互用。

政治權主要是指參政權，包括選舉權、被選舉權、服公職權等。1993年維也納會議確定民主政治也是一項人權。當政府對於公民權與政治權保障不足時，常會激發民權運動或甚至革命。

第一節　兩部國際盟約

聯合國以「普世人權宣言」為基礎，制定兩部國際盟約。緣於《普世人權宣言》條文內容兼含「公民與政治權利」以及「經濟與社會、文化權利」，資本主義國家偏愛前者，社會主義國家偏愛後者。因為宣言不具備法律約束力，還能獲得兩大陣營接受。如果接著制定一部兼含兩個世代人權的盟約，或恐兩大陣營都不大願意簽署與批准，因而分開制定《經濟與社會、文化權利國際盟約》（International Covenant on Economic, Social and Cultural Rights, ICESCR）與《公民與政治權利國際盟

約》（International Covenant on Civil and Political Rights, ICCPR）。

兩部盟約同樣規定「本盟約應自第卅五件批准書或加入書交存聯合國秘書長之日起三個月生效」。1966年12月聯合國把兩者提交大會通過；1976年元月前者生效，三月後者生效。普世人權宣言與其衍生的這兩部盟約，合稱爲「國際人權清單」（International Bill of Human Rights）。兩部盟約的序言與第一條自決權的文字完全相同。

第二節　公民和政治權利國際盟約

《公民和政治權利國際盟約》除了序言之外，總共53條，分爲五部分。第一部分是自決權（詳見第十四講第二節）。第二部分是一般規定：締約國義務、男女平等、緊急狀況得限制權利、不得破壞權利與自由。第三部分是實體規定：生命權、禁止酷刑或不人道刑罰、禁止奴隸與強制勞動、人身自由及逮捕程序、被剝奪自由者及被告

知之待遇、無力履行約定義務之監禁、遷徙與居住自由、外國人之驅逐、公正裁判、刑罰禁止溯及既往、法律前承認人格、對干涉及攻擊之保護、思想、良心和宗教自由、發表意見自由、禁止宣傳戰爭及鼓吹歧視、和平集會權利、結社自由、保護家庭、兒童權利、參政權、法律之前平等、少數團體之權利。第四部分是「人權委員會」事宜，第五部分則是加入盟約等技術規定。

人權委員會（Human Rights Committee）由十八位委員組成。監督各締約國執行盟約的情況，檢閱其定期提出的報告。不可將這個委員會與「經濟社會理事會」的人權委員會（CHR）混淆。

盟約附有兩份任擇議定書，供締約國自由選擇參加。第一份接受個人申訴，稱爲「公民和政治權利國際盟約任擇議定書」（ICCPR-OP1）。1966年通過，1976年生效。締約國人民相關權利遭受侵害，在國內已經運用所有補救辦法而無法得到救濟，得具名提出書面申訴。

第二份任擇議定書要求廢止死刑，稱爲「旨

在廢除死刑的《公民和政治權利國際盟約》第二任擇議定書」(Second OP to the ICCPR aiming at the abolition of the death penalty)。1989年通過，1991年生效。締約國相信廢除死刑有助於提高人類尊嚴和逐步發展人權(序言)，應在其管轄範圍內廢除死刑(第一條)，但是可作唯一保留：戰爭期間可對具有軍事性質的最嚴重罪行執行死刑。《普世人權宣言》未禁止死刑，本盟約第六條規定締約國「不得援引本條的任何部分推遲或阻止死刑的廢除」。

第三節　相關議題舉隅

㈠鄭南榕：爭取100%言論自由

1989年4月7日，國民黨當局準備拘捕《自由時代週刊》創辦人，鄭南榕引火自焚；在其喪禮，詹益樺在總統府前引火自焚。2007年民進黨中常會決議，把其忌日定為「台灣言論自由日」。

1984年鄭南榕創辦《自由時代週刊》，爭取百分之百言論自由，然而自由不是免費的（freedom is not free）。1986年他發動519綠色行動，抗議中國國民黨長期戒嚴（1949年此日台灣頒布戒嚴令）。1987年4月鄭南榕公開主張台灣獨立，七月十五日零時國民黨解除戒嚴。1988年12月雜誌刊出許世楷《台灣共和國憲法草案》，被控妨礙公務、妨害自由等罪。1989年1月他收到涉嫌叛亂傳票，宣佈「國民黨抓不到我的人，只能抓到我的屍體」，開始在雜誌社裡自囚七十一天。

　　鄭南榕1947年生，第二代「外省人」。就讀台灣大學哲學系時，堅持不修國父思想而未畢業。夫人葉菊蘭在他自焚後，投入反對運動。她曾指出：「出版法廢止，在法律上可能只是簡單一句話，但對有些人而言，卻是用身家財產或是最可貴的生命爭取來的言論自由。」言論自由包括六項自由：著作、演講、出版、傳播、討論、評論。

㈡反貪腐

　　1996年聯合國「公務員行為國際規範」，要求公務員不應利用公職權威，謀求本身或家族不當財政利益。2003年聯合國「反貪污公約」，規範政府採購、賄賂、不法致富、侵占、不當挪用、洗錢、保障檢舉人、凍結資產和各國合作等。奈及利亞在軍事強人阿巴查將軍統治下，發生了老祖母在醫院裡生命垂危，因沒錢對護士行賄，而得不到醫療照顧的事件；國際社會提供的救援物資，也因沒錢對政府官員行賄，因而堆在拉哥斯港，無法運往內陸飢荒地區。

　　國際透明組織（Transparency International）指出，腐敗是造成貧困的主因，也是消除貧困的主要障礙。腐敗削弱聯合國實現「千禧年發展計劃」的努力。腐敗嚴重的國家，海外投資就比較少；公共投資和武器銷售交易，最容易受到賄賂影響。客家俚語云：「火到豬頭爛，錢到公事辦。」中國貪污最嚴重，順口溜說：「不反貪亡國，眞反

貪亡黨。」

台灣在反貪腐方面，有所謂「陽光四法」（政黨法、遊說法、政治獻金法、公職人員財產申報法）。2007年3月初「公職人員財產申報法」修法，擬增訂「財產來源不明罪」，結果未處以刑罰，只科以行政罰鍰。「公職人員財產來源不明罪」立法，自從前法務部長陳定南上任即積極研擬，但是立法院及司法院質疑違反「無罪推定」及「被告不自證有罪」等原則而反對。如何紀念陳定南？

㈢勞動三權

「勞動基本權」包含勞動者五項基本權利：生存權、工作權、團結權、協商權、爭議權。前兩項屬於一般基本人權，後三項合稱「勞動三權」，屬於集體人權。團結權是指勞工成立工會，協商權是指工會和資方進行團體協商，爭議權是指怠工與罷工之權利。勞工擁有完整的勞動三權，才能確保自身權益。而政府為了約束勞動三權，分別制定勞動三法：「工會法」約束團結

權、「團體協約法」約束協商權、「勞資爭議處理法」約束爭議權。

2007年我國「勞動三權」稍有進展。在團結權方面，六月立法院初審通過，把工會法第四條「各級政府行政及教育事業、軍火工業之員工，不得組織工會」，修改為「除現役軍人以及國防部所屬軍火工業員工，不得籌組工會之外，其餘受雇者均可組織工會」。在協商權方面，七月行政院修正「團體協約法」，增訂「誠信協商」條款：勞資雙方非有正當理由，不得拒絕進行團體協商，違者罰鍰。勞工的工資、工時、津貼、獎金、調動資遣、退休、職業災害補償、撫卹等勞動條件，都得列入團體協約的約定事項。

附錄：公民和政治權利國際盟約（節本）

通過日期：1966年12月16日聯合國大會決議2200A（XXI）
生效日期：1976年3月23日（按照第四十九條規定）

序言

本盟約締約各國，考慮到按照聯合國憲章宣布的原則，承認人類家庭所有成員的固有尊嚴及其平等的和不移的權利，乃是世界自由、正義與和平的基礎，確認這些權利是源於人身的固有尊嚴。

確認按照普世人權宣言，只有在創造使人可以享有其經濟、社會及文化權利，正如享有其公民和政治權利一樣條件的情況下，才能實現自由

人類享有免於恐懼和匱乏的自由之理想。

考慮到各國根據聯合國憲章，負有義務促進對於人的權利和自由的普遍尊重和遵行。

認識到個人對於其他個人和對他所屬的社會負有義務，應為促進和遵行本盟約所承認的權利而努力。

茲同意下述各條：

第一部分　民族自決權

第一條（自決權）

一、所有民族都有自決權。憑著這種權利，他們自由決定其政治地位，自由謀求其經濟與社會、文化發展。

二、所有民族都得為自身目的，自由處置其天然財富和資源，而不損害基於互利原則的國際經濟合作和國際法而產生的任何義務。每個民族在任何情況下，都不得被剝奪其自己的維生手段。

三、本盟約締約國，包括那些負責管理非自
治和託管領土的國家，都應該根據聯合
國憲章之規定，促進自決權之實現，並
且尊重這種權利。

第二部分　一般規定

第二條（締約國義務）

一、本盟約每一締約國，承擔尊重和保證在
其領土內和受其管轄的一切個人，享有
本盟約承認的權利，不分種族、膚色、
性別、語言、宗教、政治或其他見解、
國籍或社會出身、財產、出生或其他身
分等任何區別。

二、凡未經現行立法或其他措施予以規定者，
本盟約每一締約國承擔按照其憲法程序
和本盟約的規定採取必要步驟，以採納
為實施本盟約所承認的權利所需的立法
或其他措施。

三、本盟約每一締約國承擔：

(1)保證任何被侵犯本盟約承認的權利或自由的人，都能得到有效補救，儘管此種侵犯是以官方資格行事的人所爲亦然；

(2)保證任何要求此種補救的人，都能由合格的司法、行政或立法當局，或由國家法律制度規定的任何其他合格當局，斷定其在這方面的權利；並發展司法補救的可能性；

(3)保證合格當局在准予此等補救時，確能付諸實施。

第三條（男女平等）

本盟約締約各國承擔，保證男子和婦女在享有本盟約所載一切公民和政治權利方面享有平等權利。

第四條（緊急狀況得限制權利）

一、在公共緊急狀態危及國家命脈且其存在已獲官方宣布期間，本盟約締約國得採取措施，削減（derogate）其根據本盟約承

擔的義務，到達情勢緊迫嚴格要求的程
度，其措施不得與國際法規定的其他義
務不一致，且不得涉及純粹基於種族、
膚色、性別、語言、宗教或社會起源的
歧視。

二、不得根據本條款而削減第六條、第七
條、第八條（第一款和第二款）、第十一
條、第十五條、第十六條和第十八條〔保
障之權利〕。

三、本盟約任何締約國援用這種削減權，應
透過聯合國秘書長居中，立即告知本盟
約其他締約國其削減的條款與理由。並
且透過同一位中間人，進一步告知終止
這種削減的日期。

第五條（不得破壞權利與自由）

一、本盟約中任何部分，不得解釋為隱示任
何國家、團體或個人有權利從事於任何
旨在破壞本盟約承認的任何權利和自
由，或對它們加以較本盟約規定的範圍

更廣的限制的活動或行為。

二、對於本盟約任何締約國中，依據法律、
慣例、條例或習慣而被承認或存在的任
何基本人權，不得藉口本盟約未予承認
或只在較小範圍上予以承認而加以限制
或削減。

第三部分 實體規定

第六條（生命權）

一、人人有固有的生命權，這個權利應受法
律保護。不得任意剝奪任何人的生命。

二、在未廢除死刑的國家，判處死刑只能是
作為對最嚴重的罪行的懲罰，判處應按
照犯罪時有效並且不違反本盟約規定和
防止及懲治滅絕種族罪盟約的法律。這
種刑罰，非經合格法庭最後判決，不得
執行。

三、茲了解：在剝奪生命構成滅種罪時，本
條中任何部分並不准許本盟約的任何締

約國，以任何方式削減它在防止及懲治滅絕種族罪盟約的規定下所承擔的任何義務。

四、任何被判處死刑的人，應有權要求赦免或減刑。對一切判處死刑的案件均得給予大赦、特赦或減刑。

五、十八歲以下的人所犯的罪，不得判處死刑；對孕婦不得執行死刑。

六、本盟約任何締約國，不得援引本條任何部分來推遲或阻止死刑的廢除。

第七條（禁止酷刑或不人道刑罰）

任何人均不得加以酷刑或施以殘忍的、不人道的或侮辱性的待遇或刑罰。特別是對任何人均不得未經其自由同意而施以醫藥或科學試驗。

第八條（奴隸與強制勞動）

一、任何人不得使為奴隸；一切形式的奴隸制度和奴隸買賣均應予以禁止。

二、任何人不應被強迫役使。

三、⑴任何人不應被要求從事強迫或強制勞動；⑵在把苦役監禁作為一種對犯罪的懲罰的國家中，第三款⑴項規定不應認為排除按照由合格的法庭關於此項刑罰的判決而執行的苦役；⑶為了本款之用，「強迫或強制勞動」一辭不應包括：

㈠通常對於依照法庭的合法命令而被拘禁的人，或在此種拘禁假釋期間的人，所要求的任何工作或服務，非屬⑵項所述者；

㈡任何軍事性質的服務，以及在承認良心拒絕兵役的國家中，良心拒絕兵役者依法被要求的任何國家服務；

㈢在威脅社會生命或幸福的緊急狀態或災難的情況下受強制的任何服務；

㈣屬於正常的公民義務的一部分的任何工作或服務。

第九條（人身自由及逮捕程序）

一、人人有權享有人身自由和安全。任何人

不得加以任意逮捕或拘禁。除非依照法律所確定的根據和程序，任何人不得被剝奪自由。

二、任何被逮捕的人，在被逮捕時應被告知逮捕理由，並應被迅速告知對他提出的任何指控。

三、任何因刑事指控被逮捕或拘禁的人，應被迅速帶見審判官或其他經法律授權行使司法權力的官員，並有權在合理時間內受審判或被釋放。等候審判的人受監禁不應作爲一般規則，但可規定釋放時應保證在司法程序的任何其他階段出席審判，並在必要時報到聽候執行判決。

四、任何因逮捕或拘禁而被剝奪自由的人，有資格向法庭提起訴訟，以便法庭能不拖延地決定拘禁他是否合法，以及如果拘禁不合法時命令予以釋放。

五、任何遭受非法逮捕或拘禁的受害者，都有得到賠償的權利。

第十條（被剝奪自由者及被告知之待遇）

一、所有被剝奪自由的人，應給予人道及尊
　　重其固有的人格尊嚴之待遇。

二、⑴除特殊情況外，被控告的人應與被判
　　罪的人隔離開，並應給予適合於未判罪
　　者身分的分別待遇；⑵被控告的少年應
　　與成年人分隔開，並應盡速予以判決。

三、監獄制度應包括以爭取囚犯改造和社會
　　復員為基本目的之待遇。少年罪犯應與
　　成年人隔離分開，並應給予適合其年齡
　　及法律地位之待遇。

第十一條（無力履行約定義務之監禁）

任何人不得僅僅由於無力履行約定義務而被
監禁。

第十二條（遷徙與居住自由）

一、合法處在一國領土內的每一個人，在該
　　領土內，都有權享受遷徙與選擇住所之
　　自由。

二、人人都有離開任何國家之自由，包括其

本國在內。

三、上述權利，除法律規定，並為保護國家安全、公共秩序、公共衛生或道德、或他人權利和自由所必須、且與本盟約承認的其他權利不抵觸之限制外，不應受到其他任何限制。

四、任何人進入其本國的權利，不得任意加以剝奪。

第十三條（外國人之驅逐）

合法處在本盟約締約國領土內的外僑，只有按照依法作出的決定，才可以被驅逐出境，並且，除非在國家安全的緊迫原因另有要求的情況下，應准予提出反對驅逐出境的理由，和使他的案件得到合格當局或由合格當局特別指定的一人或數人複審，並為此目的而請人作代表。

第十四條（接受公正裁判之權利）

一、在法庭和裁判所前，人人平等。在判定對任何人提出的任何刑事指控或確定他

在一件訴訟案中的權利和義務時，人人
都有資格由依法設立的合格的、獨立的
和無偏倚的法庭，進行公正和公開的審
訊。由於民主社會中的道德的、公共秩
序的或國家安全的理由，或當訴訟當事
人的私生活的利益有此需要時，或在特
殊情況下法庭認為公開審判會損害司法
利益因而嚴格需要的限度下，可不使記
者和公眾出席全部或部分審判；但對刑
事案件或法律訴訟的任何判決應公開宣
布，除非少年的利益另有要求或者訴訟
係有關兒童監護權的婚姻爭端。

二、凡受刑事控告者，在未依法證實有罪之
　　前，應有權被視為無罪。

三、在判定對他提出的任何刑事指控時，人
　　人完全平等地有資格享受以下的最低限
　　度保證：

　　⑴迅速以他懂得的語言，詳細告知對他
　　　提出的指控之性質和原因；

⑵有相當時間和便利，準備他的辯護，
　並與他自己選擇的律師聯絡；

⑶受審時間不被無故拖延；

⑷出席受審並親自替自己辯護或經由他
　自己所選擇的法律援助進行辯護；如
　果他沒有法律援助，要通知他享有這
　種權利；在司法利益有此需要的案件
　中，為他指定法律援助，而在他沒有
　足夠能力償付法律援助的案件中，不
　要他自己付費；

⑸訊問或業已訊問對他不利的證人，並
　使對他有利的證人在與對他不利的證
　人相同的條件下出庭和受訊問；

⑹如他不懂或不會說法庭上使用的語
　言，能免費獲得譯員的援助；

⑺不被強迫作不利於他自己的證言，或
　強迫承認犯罪。

四、對少年案件，在程序上應考慮到他們的
　　年齡，和幫助他們重新做人的需要。

五、凡被判定有罪者，應有權由一個較高級法庭對其定罪及刑罰依法進行複審。

六、在一人按照最後決定已被判定犯刑事罪、而其後根據新的或新發現的事實確實表明發生誤審，他的定罪被推翻或被赦免的情況下，因這種定罪而受刑罰的人應依法得到賠償，除非經證明當時不知道的事實的未被及時揭露，完全是或部分是由於他自己的緣故。

七、任何人已依國家法律及刑事程序而被最後定罪或宣告無罪者，不得就同一罪名再予審判或懲罰。

第十五條（禁止溯及既往之刑罰）

一、任何人的任何行為或不行為，在其發生時依照國家法或國際法均不構成刑事罪者，不得據以認為犯有刑事罪。所加的刑罰也不得重於犯罪時適用的規定。如果在犯罪之後，依法規定應處以較輕刑罰，犯罪者應予減刑。

二、任何人的行為或不行為，在其發生時依
　　照各國公認的一般法律原則為犯罪者，
　　本條規定並不妨礙因該行為或不行為而
　　對任何人進行的審判和對他施加的刑
　　罰。

第十六條（法律前承認人格）

人人在任何地方，都有權被承認在法律之前
的人格。

第十七條（對干涉及攻擊之保護）

一、任何人的私生活、家庭、住宅或通信，
　　不得加以任意或非法干涉，他的榮譽和
　　名譽不得加以非法攻擊。

二、人人有權享受法律保護，以免受這種干
　　涉或攻擊。

第十八條（思想、良心和宗教自由）

一、人人有權享受思想、良心和宗教自由。
　　此項權利包括維持或改變他的宗教或信
　　仰的自由，以及單獨或集體、公開或秘
　　密地，以禮拜、戒律、實踐和教義來表

明他的宗教或信仰的自由。

二、任何人不得遭受足以損害他維持或改變
　　其宗教或信仰自由的強迫。

三、表示自己的宗教或信仰的自由，僅只受
　　法律規定的、以及為保障公共安全、秩
　　序、衛生或道德、或他人的基本權利和
　　自由所必須的限制。

四、本盟約締約各國承擔，尊重父母和（如適
　　用時）法定監護人保證其子女能按照其自
　　己的信仰接受宗教和道德教育的自由。

第十九條（表現自由）

一、人人有權持有主張，不受干涉。

二、人人都有自由發表意見的權利；此項權
　　利包括尋求與接受、傳遞各種消息和思
　　想的自由，而不論國界，也不論口頭
　　的、書寫的、印刷的、採取藝術形式
　　的、或通過他所選擇的任何其他媒介。

三、本條第二款規定的權利之行使帶有特殊
　　的義務和責任，因此得受某些限制，但

這些限制只應由法律規定並為下列條件
所必須：
(1)尊重他人的權利或名譽；
(2)保障國家安全或公共秩序，或公共衛
生或道德。

第二十條（禁止宣傳戰爭及鼓吹歧視）

一、任何鼓吹戰爭的宣傳，應以法律加以禁
止。

二、任何鼓吹民族、種族或宗教仇恨的主
張，構成煽動歧視、敵視或強暴者，應
以法律加以禁止。

第廿一條（集會權利）

和平集會的權利應被承認。對此項權利的行
使不得加以限制，除去按照法律以及在民主
社會中為維護國家安全或公共安全、公共秩
序，保護公共衛生或道德或他人的權利和自
由的需要而加的限制。

第廿二條（結社自由）

一、人人有權享有與他人結社的自由，包括

組織和參加工會以保護其利益的權利。

二、對此項權利的行使不得加以限制，除去
法律所規定的限制以及在民主社會中為
維護國家安全或公共安全、公共秩序，
保護公共衛生或道德，或他人的權利和
自由所必須的限制，本條不應禁止對軍
隊或警察成員的行使此項權利加以合法
的限制。

三、本條並不授權參加一九四八年關於結社
自由及保護組織權國際勞工組織盟約的
締約國，採取足以損害該盟約中所規定
的保證的立法措施，或在應用法律時損
害這種保證。

第廿三條（保護家庭）

一、家庭是天然的和基本的社會單元，應受
社會和國家保護。

二、已達結婚年齡的男女，應被承認締婚和
成立家庭的權利。

三、只有經男女雙方的自由的和完全的同

意，才能締婚。

四、本盟約締約各國應採取適當步驟，以保
證締婚雙方在締婚、結婚期間和解除婚
約時的權利和責任平等。在解除婚約的
情況下，應為兒童規定必要的保護辦
法。

第廿四條（兒童權利）

一、每個兒童應有權享受家庭、社會和國家
為其未成年地位給予的必要保護措施，
不因種族、膚色、性別、語言、宗教、
國籍或社會出身、財產或出生而受任何
歧視。

二、每個兒童出生後應立即加以登記，並應
有一個名字。

三、每個兒童有權取得一個國籍。

第廿五條（參政權）

每個公民應有下列權利和機會，不受第二條
所述的區分和不受不合理的限制：

一、直接或通過自由選擇的代表參與公共事

務；

二、在真正的定期選舉中選舉和被選舉，這
種選舉應是普遍的和平等的，並以無記
名投票方式進行，以保證選舉人自由表
達其意志；

三、 在一般的平等條件下，參加本國公務。

第廿六條（法律之前平等）

所有的人在法律前平等，並有權受法律的平
等保護，無所歧視。在這方面，法律應禁止
任何歧視，並保證所有的人得到平等的和有
效的保護，以免受基於種族、膚色、性別、
語言、宗教、政治或其他見解、國籍或社會
出身、財產，出生或其他身分等任何理由之
歧視。

第廿七條（少數團體之權利）

在那些存在著人種的、宗教的或語言的少數
團體的國家中，不得否認這種少數團體與其
集團中的其他成員共同享有自己的文化、信
奉和實行自己的宗教、或使用自己的語言的

權利。

第四部分　實施措置(略)

　第廿八條人權事務委員會之設立，第廿九條委員之提名及選出，第三十條委員之選舉，第卅一條委員之分配，第卅二條委員之任期，第卅三條委員席位出缺，第卅四條席位出缺之填補，第卅五條委員之報酬，第卅六條工作人員之提供，第卅七條委員會之召集，第卅八條委員宣誓就職，第卅九條職員之選出，第四十條提出報告之義務，第四一條締約國義務不履行及委員會審議權限，第四二條和解委員會之設置與運用，第四三條委員之特權與豁免，第四四條與其他條約之程序關係，第四五條委員會之年度報告，第四六條與聯合國及各專門機構憲章之關係，第四七條享有天然財富與資源。

第五部分　最後規定(略)

　第四八條簽署、批准、加入、交存，第四九

條生效，第五十條適用地域，第五一條修正，第
五二條通知，第五三條以五種文字版本爲準。

第六講

第二世代人權：
經濟權、社會權、文化權

人人身為社會成員，有權享有社會安全，也有權透過本國努力與國際合作，實現與其尊嚴及人格自由發展不可或缺的經濟與社會、文化權利。

——《普世人權宣言》第廿二條

故人不獨親其親，不獨子其子。使老有所終，壯有所用，幼有所長。矜寡孤獨廢疾者，皆有所養。男有分，女有歸。

——禮運大同篇

經濟權與社會權、文化權屬於「第二世代人權」，是指國家以法律形式，確保個人在社會

中享有健全生活的基本條件，其精神強調「平等」。自由主義者認爲，這些權利只是社會福利，不屬於人權項目；只要落實第一世代人權，這些議題自可逢刃而解。

其實沒有「逢刃而解」的道理，人權發展總是血跡斑斑。既然認定政府負有照顧人民生活的責任，就應該好好落實第二世代人權，不要勞駕人民重演那些已在先進國家上演過的抗爭。兼顧兩個世代人權的國家，符合福利國家（welfare state）的要件。

台灣近年來M形社會輪廓越來越明顯，貧富差距擴大，而社會安全制度仍在草創階段，確實應該強調弱勢優先。第二節特別擴大詮釋文化權，希望有助於建設台灣爲文化大國。

第一節　經濟權與社會權

《經濟與社會、文化權利國際盟約》（International Covenant on Economic, Social and Cultural Rights）分爲五部

分。第一部分是自決權。第二部分是一般規定：締約國義務、男女平等、有關限制權利之規定、不得破壞權利與自由。第三部分是實體規定：工作權、工作條件、勞動基本權、社會保障、保護及援助家庭、相當生活水準、享有最高體質和心理健康之權利、教育權、初等教育免費、參加文化生活之權利等。第四部分關於撰寫報告書事宜，第五部分則是加入盟約等技術規定。

有人懷疑「第二世代人權」不是真正人權，問題出在盟約第二條第一款措辭消極：「採取步驟」、「可用之最大資源」、「逐漸使本約所確認之各種權利完全實現」，意思好像不必「立即」實踐，只要循序以進即可。由於冷戰關係，聯合國與西方國家不是很重視此盟約。「公民與政治權利國際盟約」附有允許締約國國民申訴的任擇議定書，而本盟約的議定書草案迄今仍未通過。

1985年經濟社會理事會根據盟約規定，成立「經濟與社會、文化委員會」（Committee on Economic, Social and Cultural Rights），1990年開始運作，不接受個人

申訴。所有締約國在加入盟約兩年內、以後每五年，都得向委員會提交報告書，說明執行情況。

第二節　文化權與相關議題

所有文化以其豐富多樣與相互影響，形成屬於全體人類共同遺產之一部分。

——國際文化合作原則宣言，1966

文化權明載於《普世人權宣言》第廿七條，以及本盟約第十五條：「一、締約國承認人人有權參加文化生活；享受科學進步及其應用產生的利益；對其本人的任何科學、文學或藝術作品所產生的精神上和物質上的利益，享受被保護之權利。二、締約國為充分實現這一權利而採取的步驟，應包括為保存、發展和傳播科學和文化必須的步驟。三、締約國承擔尊重進行科學研究和創造性活動所不可缺少的自由。四、締約國認識到鼓勵和發展科學與文化方面的國際接觸和合作的

好處。」

㈠所有文化都是人類的共同遺產

1966年聯合國教科文組織通過《國際文化合作原則宣言》（Declaration of the Principles of International Cultural Co-operation），以其成立二十年的經驗，提出加強國際合作必須確定的原則。第一條明揭：「每種文化都具有尊嚴和價值，必須予以尊重和保存；每個民族都有發展其文化的權利和義務；所有文化以其豐富多樣與相互影響，形成屬於全體人類共同遺產之一部分。」

㈡文化與其多樣性

然而文化是什麼？2001年聯合國教科文組織通過「普世文化多樣性宣言」（Universal Declaration on Cultural Diversity），其序言提出定義：「文化應該視為某個社會或某個社會團體特有的精神與物質、智力與情感方面的不同特點之總和；而且除了文學和藝術外，文化還包括生活方式、共處方

式、價值觀體系、傳統和信仰。」

序言也指出：「確認在相互信任和理解氛圍下，尊重文化多樣性、寬容、對話及合作，是國際和平與安全的最佳保障之一。」宣言懷有崇高目標，把全球化人性化（to humanize globalization）。誠然，在全球化衝擊下，許多弱小文化可能因此消失。現在看來不重要的少數文化，或許來日可以拯救人類。文化多樣性之於人類，宛如生物多樣性之於自然界；越是多樣化，越能互賴共生。2005年教科文組織也通過「保護文化內涵與藝術表達多樣性公約」（Convention on the Protection of the Diversity of Cultural Contents and Artistic Expression）。

㈢文化相對論

文化相對論（Cultural relativism）是美國人類學家波阿茲（Franz Boas）與其學生提出的概念，旨在驅除我族中心主義（Ethnocentrism）以自身文化角度、主觀臧否別人文化的心態。然而衡量文化之良窳，難道沒有一套客觀標準？有的，就是舉

世認同的人權與國際法。任何國家如以「文化相對論」為藉口，侵犯與否定人權，就是濫用文化權。有些國家以習俗與文化傳統為理由，包庇名譽殺人、女性陰部切割（FGM）、以石頭擊斃姦婦（奈及利亞北部回教社群）、亞洲價值觀等，都是違背人權之罪行。人權具有普世性，也是衡量文化習俗良窳的準繩。

㈣營造具有世界風貌的台灣文化

　　中華文化與南島文化是台灣文化兩大支柱。漢人原本承襲大陸性格的中華文化，但已逐漸把它改造為海洋性格，而原住民的南島文化原本就具有海洋文化基因。南島民族橫跨太平洋與印度洋，已在世界上建立十七個國家，這是台灣打開對外關係的重要資產[1]。海洋文化外向奔放、創

---

[1] 1995年筆者獲得文化總會黃石城先生資助，應邀前往庫克群島觀賞「波里尼西亞音樂節」，返國後提出報告，建議舉辦南島文化的節慶，並將此議告知明利國教授，促成1999年開啟的台東市「南島文化節」。

新進取；大陸文化安土重遷、保守封閉。謝長廷
主張「要發揮海洋文化的公平、包容與創意，吸
收世界進步的文化，建立屬於台灣主體的海洋文
化」。

　　海洋特色正是兼容並蓄，有容乃大。百餘年
來台灣深受海洋文化（日本與歐美文化）的薰陶與
辯證發展，歷經現代化與民主化洗禮，求變求新
的性格越來越突顯。台灣文化建設在「本土化」
之餘，同時也需要人權化、現代化、國際化、基
層化，營造具有世界風貌的台灣文化。國際化，
台灣才能出頭天[2]！

㈤義民爺崇拜：從客家，到頭家

　　客家先祖從中原出發，逐漸南徙到贛閩粵與
台灣，在台灣發展出在中國未曾有的「義民爺崇

---

[2] 筆者所謂「國際化」，意指廣泛介紹全球各地文化到台灣，
以利台灣人民走入全世界，以利台商全球佈局。這正是筆
者畢生研究全球之苦心所在。中華文化只是全球文化之一
環。台灣應該與全球對話，不必與中國對罵。

拜」，祭祀保鄉衛土的客家烈士。這象徵著客家已把台灣當作自己家鄉，不再懷著作客心態。客家先祖訓示：「年深異境猶吾境，日久他鄉即故鄉」，就是最好寫照。隨著台灣民主化，客家更是台灣命運共同體裡的「頭家」。

客家主要分布於北部桃竹苗與南部高屏地區，義民爺崇拜發端於南部。1721年台南朱一貴起義，威脅鳳山縣（高屏地區）客家庄，軍紀蕩然。仕紳成立六堆鄉團，保鄉平亂有功，清廷敕建「忠義亭」。1786年台中林爽文起義，南路軍來犯，六堆民兵迎擊大捷，乾隆帝賜匾褒忠。1895年六堆義軍抵抗日軍侵入。歷次義民英靈，安奉忠義亭，有如「客家忠烈祠」。

北部方面，林爽文北路軍進逼桃竹地區客家庄，殺燒擄掠，客家民兵英勇抵抗。仕紳收集民兵遺骸兩百多具，集體埋葬，乾隆帝賜匾褒忠，乃建「褒忠廟」。1862年彰化戴潮春起義，進犯桃竹地區，客家民兵再予重創，百餘烈士遺骸葬於廟後。1895年，桃竹苗地區客家人抵抗日本

軍隊侵入，驚天地泣鬼神。北部「義民爺崇拜」演變爲今天桃竹十五大庄輪值祭拜的中元「義民節」。凡有客家人之處，皆有義民爺崇拜。

在歷史上，台灣常有「漳泉鬥」與「閩客鬥」，殖民政府順勢分化統治。乾隆帝平定林爽文後，稱譽協助官兵平亂身亡的民眾爲「義民」，並對各族裔「義民廟」頒賜不同匾額：客家裔「褒忠」、泉州裔「旌義」、漳州裔「思義」、原住民「效順」。各族裔義民保鄉衛土殉難，可歌可泣，不能以狹隘「閩客鬥」視之，不應承襲殖民分化惡果。如今，吾人應把「保鄉衛土」昇華爲「保台衛國」，以「台灣準義民」自勉。

至於「外省人」會不會保衛台灣？且舉一例說明。苗栗南庄建廟，供奉湖南人楊載雲。1895年日軍進攻台灣，台中知府黎景嵩（湖南湘潭籍）招募湘軍約七千人（新楚軍），任命親戚楊載雲爲統領。日軍攻陷新竹，楊載雲進駐苗栗，不敵近衛師團而潰敗，遭叛兵槍殺。保衛台灣就是台灣義民爺、台灣神，民間哪有省籍觀念！

㈥和解共生：從文明衝突，到文明聯盟

強調文明衝突，宛如不同文明之間原本就應該衝突一番；強調文明聯盟，顯然認為不同文明可以和解共生。其中差別，就看如何立論。1993年哈佛大學政治系教授杭亭頓（Samuel P. Huntington）在《外交事務季刊》（*Foreign Affairs*），發表〈文明衝突嗎？〉("The Clash of Civilizations ?")。主張冷戰意識形態之爭結束後，不同文明之間的戰爭將會取而代之。2001年911事件發生，杭亭頓儼然成為先知。

2004年聯合國大會上，西班牙首相薩帕特羅（Zapatero）呼籲建立「文明聯盟」（Alliance of Civilizations），土耳其總理艾多安（Erdogan）與他共同成立，次年安南秘書長力邀十九位著名人士參與。他們強調消除西方社會和伊斯蘭世界之間的理解障礙，才是剷除恐怖主義的最佳途徑。不同宗教和文明之間的差異，不但不是衝突的根源，反而會使人類社會更加豐富多彩與相得益彰。

㈦台灣文化協會：台灣是台灣人的台灣

2001年文建會明訂10月17日爲「台灣國民文化日」，紀念1921年是日蔣渭水等人成立台灣文化協會[3]。蔣渭水先提出「臨床講議」，診斷台灣患了知識營養不良症，然後對症下藥。他識見遠大，具有開創性格，絕不淪於狹隘的本土化或反日本化。協會創刊《台灣民報》，批判時政，介紹國際政情；邀請專家講授台灣史和漢文、西洋歷史、公共衛生、法律、經濟學等。協會也引入新興電影與話劇：從東京購入社會教育影片十數卷，在各地播放講解；演出新劇，移風化俗。蔣渭水抨擊宗教迷信，絕不媚俗。

---

[3] 爲什麼挑選10月17日？這是紀念1920年是日，謝文達在台中練兵場開啓鄉土訪問飛行。謝文達先於1920年8月在日本「第一回懸賞飛行競技大會」獲獎；該年底也在台北舉行兩次飛行表演，蔣渭水等人發起募款活動，購置伊藤廿九型全新飛機。1943年楊清溪也於10月17日，開啓環島飛行鄉土訪問。（成功大學台灣文學研究所博士生黃信彰，「台灣起飛 1920.10.17」，自由時報 2007/10/16）

後來，文化協會陷入左右兩派鬥爭，1927年蔣渭水另外成立台灣民眾黨，協會約於1930年消失。日本總督府總結協會三個「惡劣影響」：(1)向島民宣傳「台灣是台灣人的台灣」，造成民族主義旺盛；(2)煽動民眾反抗官廳；(3)主張團結，糾合各種團體行動，並貫徹其主張，後果難測。

(八)教改失敗，反省台灣文化

「普世人權宣言」第廿六條規定：「人人有權接受教育。……技術與職業教育應該普遍設置。」然而過去十多年來，台灣教育改革「廣設中學、廣設大學」，普遍打壓高職與專科教育。同時漫無規劃，廢了作文考試，再恢復；推行建構式數學，再廢掉；出現一百家大學，18分可以考上大學，再來推動大學退場機制。

這場「教育浩劫」暴露台灣文化四大問題：(1)台灣人民具有權威人格，盲目崇拜博士萬能，不敢質疑，同時逃避自己的監督責任；(2)階級意識濃厚，歧視技職教育，迷信「萬般皆下品、

唯有讀書高」。就讀哈利波特魔法學校（技職學校），難道就不如就讀建國中學（普通中學）？⑶部分博士知識領域狹窄，缺乏宏觀視野，搞教育卻不懂得兼顧產業升級等之需要，應該正名為「專士」；⑷士大夫無恥：不肯好好研究教育，竟敢主持教育改革，結果戕害台灣年輕世代，哀哉[4]。

---

[4] 《30雜誌》「台灣技職教育大調查」指出，近八成台灣人認為專業技能比名牌大學畢業證書更重要；如果教育過程可以重新選擇，65%受訪者會改選技職體系（中央社「學歷無用 近8成民眾要專業技能」2007/11/2）。早在四一○教改聯盟成立前，筆者就撰文強調技職教育。

附錄：經濟與社會、文化權利國際盟約（節本）

通過日期：1966年12月16日聯合國大會決議2200A（XXI）

生效日期：1976年1月3日（按照第二十七條規定）

（序言與第一部分自決權，與《公民與政治權利國際盟約》完全相同，從略）

第二部分　一般規定

第二條（締約國義務）

一、每一締約國家承擔盡最大能力，個別採取步驟或經由國際援助和合作，特別是經濟和技術方面的援助和合作，採取步驟，以便用一切適當方法，尤其包括用立法方法，逐漸完全實現本盟約確認之各種權利。

二、本盟約締約各國承擔保證，本盟約宣布
　　的權利應予普遍行使，而不得有例如種
　　族、膚色、性別、語言、宗教、政治或
　　其他見解、國籍或社會出身、財產、出
　　生或其他身分等任何區分。

三、發展中國家，在適當顧到人權及它們的
　　民族經濟的情況下，得決定它們對非本
　　國國民的享受本盟約承認的經濟權利，
　　給予什麼程度的保證。

第三條（男女平等）

　　本盟約締約各國承擔，保證男子和婦女在本
盟約所載一切經濟、社會及文化權利方面，
享有平等權利。

第四條（限制權利之規定）

　　本盟約締約各國承認，在對各國依據本盟約
而規定的這些權利的享有方面，國家對此等
權利只能加以同這些權利的性質不相違背、
而且只是為了促進民主社會中的總福利的目
的之法律所確定的限制。

第五條（不得破壞權利與自由）

一、本盟約任何部分，不得解釋爲暗示任何
國家、團體或個人有權利從事任何旨在
破壞本盟約承認的任何權利或自由，或
對它們加以較本盟約規定的範圍更廣的
限制之活動或行爲。

二、對於任何國家中，依據法律、慣例、條例
或習慣而被承認或存在的任何基本人權，
不得藉口本盟約未予承認或只在較小範圍
上予以承認，而予以限制或削減。

第三部分　實體規定

第六條（工作權）

一、本盟約締約各國承認工作權，包括人人
應有機會憑其自由選擇和接受的工作來
謀生的權利，並將採取適當步驟保障這
一權利。

二、本盟約締約各國爲充分實現這一權利而
採取的步驟，應包括技術的和職業的指

導和訓練，以及在保障個人基本政治和
經濟自由的條件下，達到穩定的經濟、
社會和文化的發展和充分的生產就業的
計劃、政策和技術。

第七條（工作條件）

本盟約締約各國承認人人有權享受公正和良
好的工作條件，特別保證：

一、最低限度給予所有工人以下列報酬：

　　(1)公平工資和同值工作同酬而沒有任何
　　　歧視，特別是保證婦女享受不差於男
　　　子所享受的工作條件，並享受同工同
　　　酬；

　　(2)保證他們自己和他們的家庭得有符合
　　　本盟約規定的過得去的生活；

二、安全和衛生的工作條件；

三、人人在其就業中，享有陞遷到適當的更
　　高職位之同等機會，除了資歷和能力之
　　外，不受其他考量之限制；

四、休息、閒暇和工作時間的合理限制，定期

給薪休假以及公共假日報酬。

第八條（勞動基本權）

一、本盟約締約各國承擔保證：

⑴人人有權組織工會和參加他選擇的工會，以促進和保護他的經濟和社會利益；這個權利只受有關工會的規章的限制。對這一權利的行使，不得加以除法律規定及在民主社會中為了國家安全或公共秩序的利益，或為保護他人的權利和自由需要的限制以外的任何限制；

⑵工會有權建立全國性的協會或聯合會，有權組織或參加國際工會組織；

⑶工會有權自由進行工作，不受除法律規定及在民主社會中為了國家安全或公共秩序的利益，或為保護他人的權利和自由需要的限制以外的任何限制；

⑷有權罷工，但應按照各個國家法律行使此項權利。

二、本條不應禁止合法限制軍隊或警察或國家行政機關成員的行使這些權利。

三、本條不授權參加一九四八年關於結社自由及保護組織權國際勞工組織盟約的締約國，採取足以損害該盟約規定的保證的立法措施，或在應用法律時損害這種保證。

第九條（社會保障）

本盟約締約各國承認人人有權享受社會保障，包括社會保險。

第十條（保護及援助家庭）

本盟約締約各國承認：

一、對於作爲社會的自然和基本單元的家庭，特別是對於它的建立和當它負責照顧和教育未獨立的兒童時，應給以盡可能廣泛的保護和協助。締婚必須經男女雙方自由同意。

二、對母親，在產前和產後的合理期間，應給以特別保護。在此期間，對於有工作

的母親，應給以給薪休假或有適當社會保障福利金的休假。

三、應為一切兒童和少年採取特殊的保護和協助措施，不得因出身或其他條件而有任何歧視。兒童和少年應予保護，免受經濟和社會剝削。僱用他們做對於他們的道德或健康有害或對生命有危險的工作，或做足以妨害他們正常發育的工作，依法應受懲罰。各國亦應規定限定的年齡，凡僱用這個年齡以下的童工，應予禁止和依法應受懲罰。

第十一條（相當生活水準）

一、本盟約締約各國承認人人有權為他自己和家庭獲得相當的生活水準，包括足夠的食物、衣著和住房，並能不斷改進生活條件。各締約國將採取適當的步驟，保證實現這一權利，並承認為此而實行基於自願同意的國際合作的重要性。

二、本盟約締約各國，既確認人人享有免於

飢餓的基本權利，應為下列目的，個別
或經由國際合作採取必要措施，包括具
體計劃在內：

⑴用充分利用科技知識、傳播營養原則的
知識、和發展或改革土地制度，以使天
然資源得到最有效開發和利用等方法，
改進糧食的生產、保存及分配方法；

⑵在兼顧糧食進口和出口國家的問題的
情況下，保證世界糧食供應按照需要
公平分配。

第十二條（享受最高的體質和心理健康之權利）

一、本盟約締約各國承認，人人有權享有達
到最高的體質和心理健康標準。

二、本盟約締約各國為充分實現這一權利而
採取的步驟，應包括為達到下列目標所
需的步驟：

⑴減低死胎率和嬰兒死亡率，使兒童得
到健康發育；

⑵改善環境衛生和工業衛生的各個方面；

⑶預防、治療和控制傳染病、風土病、
職業病以及其他疾病；

⑷創造保證人人在患病時能得到醫療照
顧的條件。

第十三條（教育權）

一、本盟約締約各國承認人人有受教育的權
利。它們同意，教育應鼓勵人格和尊嚴的
充分發展，加強對於人權和基本自由的尊
重，並應使所有的人能有效參加自由社
會，促進各民族之間和各種族、人種或宗
教團體之間的了解、容忍和友誼，和促進
聯合國維護和平的各項活動。

二、本盟約締約各國認爲，爲了充分實現這
一權利：

⑴初等教育應屬義務性質，一律免費；

⑵各種形式的中等教育，包括中等技術
和職業教育，應以一切適當方法普遍
設立，並對一切人開放，特別要逐漸
做到免費；

(3)高等教育應根據成績，以一切適當方法，對一切人平等開放，特別要逐漸做到免費；

(4)對那些未受到或未完成初等教育的人的基礎教育，應盡可能加以鼓勵或推進；

(5)各級學校的制度，應積極加以發展；應予設置適當的獎學金制度；應不斷改善教員的物質條件。

三、本盟約締約各國承擔，尊重父母和（如適用時）法定監護人的下列自由：為他們的孩子選擇非公立的但係符合於國家可能規定或批准的最低教育標準的學校，並保證他們的孩子能按照他們自己的信仰接受宗教和道德教育。

四、本條的任何部分，不得解釋為干涉個人或團體設立及管理教育機構的自由，但以遵守本條第一款所述各項原則及此等機構實施的教育，必須符合國家可能規

定的最低標準爲限。

第十四條（初等教育免費）

本盟約任何締約國，在參加本盟約時，尚未能在其宗主領土或其他在其管轄下的領土實施免費、義務性的初等教育者，承擔在兩年內制定和採取逐步實行的詳細行動計劃，其中規定在合理年限內實現一切人均得免費的義務性教育的原則。

第十五條（參加文化生活之權利）

一、本盟約締約各國承認人人有權：⑴參加文化生活；⑵享受科學進步及其應用產生的利益；⑶對其本人的任何科學、文學或藝術作品所產生的精神上和物質上的利益，享受被保護之利。

二、本盟約締約各國爲充分實現這一權利而採取的步驟，應包括爲保存、發展和傳播科學和文化必須的步驟。

三、本盟約締約各國承擔尊重進行科學研究和創造性活動所不可缺少的自由。

四、本盟約締約各國認識到鼓勵和發展科學
　　與文化方面的國際接觸和合作的好處。

第四部分　實施措置(略)

第十六條提出報告之義務，第十七條提出報
告之程序，第十八條經社理事會及專門機構
之協議，第十九條人權報告之提交人權委員
會，第二十條意見之提出，第廿一條向大會
提出材料，第廿二條經社理事會提請注意，
第廿三條實現權利之國際行動，第廿四條與
聯合國及各專門機構憲章之關係，第廿五條
享有天然財富與資源。

第五部分　最後規定(略)

第廿六條簽署、批准、加入、交存，第廿七
條生效，第廿八條適用地域，第廿九條修
正，第三十條通知，第卅一條以五種文字版
本爲準。

兩次人權盛會：
德黑蘭與維也納會議

> 人權和基本自由是全人類與生俱來的權
> 利；保護和促進人權和基本自由是各國政府
> 的首要職責。
>
> ——《維也納宣言與行動綱領》(I-1)

1948年聯合國通過普世人權宣言後，曾就全
盤人權議題，召開過兩次全球人權盛會。第一次
是宣言通過二十週年，1968年的德黑蘭國際人權
會議（International Conference on Human Rights）；第二
次是宣言通過四十五週年，1993年的維也納世界
人權會議（World Conference on Human Rights）。而在
維也納會議前，曼谷宣言的發表反映了背離人權
主流思潮的亞洲價值觀（Asian value）。

第一節　德黑蘭國際人權會議(1968)

聯合國把1968年列為國際人權年（The International Year for Human Rights），並於該年在伊朗首都德黑蘭召開「國際人權會議」，提高國際人權努力與創意。德黑蘭會議重申對於《普世人權宣言》與其他人權文獻的信念，評估宣言對於各國立法與司法審判的衝擊。接著通過《德黑蘭宣言》（Proclamation of Tehran），擬定未來計畫，試圖解決殖民統治與種族歧視、文盲、保護家庭等問題。宣言特別強調不歧視原則，譴責南非種族隔離政策為「危害人類罪」，敦促會員國批准兩部國際盟約。

學者李明輝主張《德黑蘭宣言》「是第三世界人權觀的第一次集體表達」：「與會代表發表《德黑蘭宣言》，其中第九條呼籲國際社會注意殖民主義的問題，第十二條特別強調『經濟上發達國家與發展中國家日益懸殊，馴至妨礙國際社

會人權的實現』。」在此精神鼓勵下，聯合國日後通過一連串宣言與決議：1972年《人類環境宣言》、1979年《關於發展權的決議》、1984年《人類享有和平權利宣言》、1986年《發展權宣言》等[1]。

第二節　亞洲價值觀

亞洲價值觀反映於「曼谷宣言」。在1993年9月維也納會議之前，聯合國預先召開三場區域籌備會議：㈠非洲區域籌備會議，1992年11月在突尼斯召開，通過《突尼斯宣言》（Tunis Declaration），末尾提到「在國際層級沒有現存的人權模式。在實現人權目標時，不能不考慮每個國家的歷史和文化現實、每個民族的傳統與標準和價值」；㈡拉丁美洲和加勒比區域籌備會議，1993年1月

---

[1] 李明輝，〈儒家傳統與人權〉，收入黃俊傑編：《傳統中華文化與現代價值的激盪與調融》㈠（台北：喜瑪拉雅研究發展基金會，2002），頁229-256。

在哥斯大黎加的聖約瑟城召開，通過《聖約瑟宣言》；㈢亞洲區域籌備會，1993年3、4月間在曼谷舉行，通過《曼谷宣言》。本宣言與《突尼斯宣言》同樣是內容自我矛盾，一方面強調人權具有普世性與一致性，同時卻強調人權相對性，認為落實人權必須考慮到各國文化與歷史背景不同之因素。

㈠《曼谷宣言》

《曼谷宣言》第七條強調人權普世價值：「所有人權的普遍性、客觀性和不可選擇性，必須避免在實施人權時採取雙重標準，避免其政治化，並不得以任何理由侵犯人權。」但是其他條文卻提出人權相對性：第四條強調「不贊成任何人利用人權作為提供發展援助的條件」，第五條呼籲各國「不利用人權作為施加政治壓力的手段」，第八條說「儘管人權具有普遍性，但應銘記各國和各區域的情況各有特點，並有不同歷史、文化和宗教背景，應根據國際準則不斷重訂的過程來

看待人權」。《曼谷宣言》反映「亞洲價值觀」，招致了西方國家與非政府組織的抨擊。

(二)亞洲價值觀

八十年代以降，李光耀與馬哈地、江澤民等亞洲領袖提出「亞洲價值觀」，質疑西方提倡的人權與民主之普世性。《曼谷宣言》簽署國認為，亞洲國家信奉獨特的亞洲價值觀，處於特殊歷史環境，亞洲人民對於民主與人權的理解根本異於西方。在亞洲價值觀裡，最重要的不是個人權利和自由，而是國家穩定，強調「穩定重於一切」。亞洲價值觀以本土文化和經濟發展的名義，壓制人權，六四天安門事件即是顯例。

「亞洲價值觀」雖招致抨擊，中國學者卻仍然為之掩飾。2007年2月初，「中國人權」網站刊登「人權知識《維也納宣言和行動綱領》」，詭稱「關於人權的普遍性和特殊性，《維也納宣言和行動綱領》指出『國家特色和地域特徵的意義以及不同的歷史、文化和宗教背景都必須加以考

慮』」。其實這部文獻全文139條，從未出現其雙引號之引文。

正因爲亞洲價值觀作祟，東南亞國協諱言人權，遠不如其他區域組織。2007年8月東南亞國協成立六十周年，將於十一月通過東協憲章（ASEAN Charter）。憲章規定成立人權委員會，但是七月的部長會議卻不賦予委員會逕行通過制裁的權限。東南亞除了緬甸軍政府外，柬埔寨、寮國、越南仍然一黨專制；國協仍然秉持不干涉內政傳統。2007年9月底，緬甸還發生袈裟革命或「番紅花革命」（Saffron Revolution）。

(三)亞洲人權憲章（1989）

1989年5月17日，韓國光州事件十週年紀念日前夕，兩百多個亞洲人權團體聚會光州，宣佈亞洲人權憲章（Asian Human Rights Charter）。亞洲人權憲章的理念是與「普世人權宣言」一致的，承認人權普世性，只是針對亞洲情勢而有不同強調重點。例如憲章第6.2條提及，亞洲人民應該消

除文化裡違背人權的成分：

　　亞洲文化認同的多元性，不但不與人權的普世性相矛盾，反而因其成為人性尊嚴多采多姿的文化展現，而更豐富了普世性的規範。我亞洲人民同時也應該消除文化裡違背普世人權原則的某些特徵。我們應該超越以父權傳統為基礎的家庭觀念，以在各自的文化傳統當中，恢復其原有的保障婦女人權的各種家庭規範。對於袒護性別歧視的宗教信仰，我們當勇於突破，賦與新解。我們必須消除以種姓、族群起源、職業、出生地、和其它因素為基礎的種種歧視，同時在各自的文化當中，提昇與互相寬容與互相扶持相關的所有價值。我們必須停止為集體或當權者而犧牲個人的行徑，從而重建我們的社區與國族的團結。

第三節　維也納世界人權會議(1993)

1993年6月，聯合國在維也納召開世界人權會議。約有七千人參與，包括來自171個國家與超過840個非政府組織代表，以共識通過《維也納宣言與行動綱領》(Vienna Declaration and Programme of Action)。與會代表反對亞洲價值觀，反對「某些人權是選擇性的，因而應該臣屬於文化傳統與習俗」之觀點。

《維也納宣言與行動綱領》除了序言之外，分為「維也納宣言」39條與「行動綱領」100條。「維也納宣言」重申普世人權宣言的中心地位，溫習所有人權與人道文獻揭舉的要義，追認發展權是不可分割的權利，強調各項人權都是普世的與不可分割的、互相關聯與互相倚賴的，應該平等促進；並且明言保護與促進人權乃是政府的「首要職責」，承認民主政治也是一項人權。

「行動綱領」擬定激勵全球人權行動的計畫，

分爲六部分：㈠設置人權高級專員，協調聯合國體系裡所有人權活動；㈡崇尚平等、尊嚴、容忍；禁止種族歧視、仇外和其他形式的不容忍；保護在民族、種族、宗教和語言上屬於少數群體的人、原住民、移徙工人；保護婦女的平等地位和人權；保護兒童權利；免受酷刑、被迫失蹤；保護身障人士權利；㈢合作、發展、加強人權；㈣推廣人權教育；㈤執行和監督方法；㈥世界會議後續行動。

維也納會議採取創新步驟，例如把婦女權利帶到人權公約主流。針對施暴婦女問題，指定特別報告人。在原住民權利方面，肯定聯大把1993年列爲「世界原住民國際年」，同時推動「世界原住民國際十年」（1995-2004），也倡議成立討論原住民議題的永久論壇（詳見第十七講）。

第八講
種族議題

鑒於任何種族差別或優越的理論，在科學上均屬錯誤，在道德上應予譴責，在社會上不公義而且危險，種族歧視在理論或實務上都無從辯護[1]。

——《消除一切形式種族歧視國際公約》序言

任何鼓吹民族、種族或宗教仇恨的主張，構成煽動歧視、敵視或強暴者，應以法律加以禁止。

——《公民與政治權利國際盟約》第二十條

---

[1] Considering that any doctrine of racial differentiation or superiority is scientifically false, morally condemnable, socially unjust and dangerous, and that there is no justification for racial discrimination either in theory or in practice.

種族偏見與歧視常是掀起戰爭與壓迫的源頭。聯合國成立，懲於希特勒主張阿利安民族優越論，挑起世界大戰，造成生靈塗炭，因而不斷禁止煽動民族、種族和宗教仇恨。然而在前南斯拉夫與盧安達、蘇丹達富爾地區，內戰激發種族清洗，仍可看到種族歧視之禍害。

2005年聯合國大會上，會員國接受對於弱勢族群的「保護責任」，並把1月29日定為緬懷大屠殺受難者國際日（International Day of Commemoration in Memory of the Victims of the Holocaust），紀念1945年蘇聯紅軍解放納粹奧許維茨（Auschwitz）集中營六十周年。大會口號是「永遠不再」（Never again）。

台灣四大族群之間，在歷史上，漢人習慣稱呼原住民為番仔，如今不再污名化，且其權利更可能排名世界前茅。而過去漳泉鬥、閩客鬥，如今已都絕跡。族群矛盾在社會上罕見，在政治上仍會引發磨擦。四大族群聚在台灣是一種緣分，應該惜緣，和解共生。

第一節　禁止種族歧視

㈠「種族歧視」定義

1963年聯合國《消除一切形式種族歧視宣言》序言，就種族歧視提出四點批判：⑴鑒於任何種族差別或優越的理論，在科學上均屬錯誤，在道德上應予譴責，在社會上不公義而且危險，種族歧視在理論或實務上都無從辯護；⑵深信一切形式的種族歧視，尤其是基於種族優越偏見或仇恨的政府政策，除構成基本人權侵害外，亦足以妨害民族間友好關係、國家間合作、以及國際和平及安全；⑶深信種族歧視不僅對於受歧視者有害，對於歧視者亦然；⑷深信建立絕無任何種族隔離與歧視形式的世界社會，乃是聯合國基本目標之一，蓋種族隔離與種族歧視實爲造成人類仇恨與分裂的因素。

1965年《消除一切形式種族歧視國際公約》第一條：本公約稱「種族歧視」者，「謂基於種族、

膚色、世系或民族或人種的任何區別、排斥、限制或優惠，其目的或效果為取消或損害政治、經濟、社會、文化、或公共生活其他任何方面人權及基本自由在平等地位上的承認、享受或行使」。

這條條文也作三項補充說明：(1)本公約不適用於締約國對公民與非公民間所作的區別、排斥、限制或優惠；(2)本公約不得解釋為對締約國關於國籍、公民身分或歸化的法律規定有任何影響，此種規定不得歧視任何特定國籍；(3)專為使若干須予必要保護的種族或民族團體或個人獲得充分進展而採取的特別措施，以期確保此等團體或個人同等享受或行使人權及基本自由者，不得視為種族歧視，但此等措施的後果須不致在不同種族團體間保持個別行使的權利，且此等措施不得於所定目的達成後繼續實行。

(二)消除種族歧視國際公約（1965）

1965年12月聯大通過《消除一切形式種族歧視

國際公約》(International Convention on the Elimination of All Forms of Racial Discrimination, ICERD)，開放各國簽字和批准，1969年1月生效。公約共有廿五條，分爲三部分。第一部分：締約國立即以適當方法消除種族歧視，促進所有種族間的諒解；得在社會與經濟、文化及其他方面，採取特別具體措施，確保屬於該國的種族團體或個人獲得充分發展與保護；譴責基於某種族或膚色人群具有優越性、提倡種族仇恨及歧視的宣傳及組織；保證人人不分種族、膚色或民族或人種，在法律上一律平等；人人均能對侵害其人權及基本自由的任何種族歧視行爲，獲得有效保護與救濟；立即採取有效措施，尤其在講授、教育、文化及新聞方面，以打擊導致種族歧視之偏見。第二部分是「消除種族歧視委員會」事宜；第三部分則是加入與退出公約等技術規定。

消除種族歧視委員會(Committee on the Elimination of Racial Discrimination)由十八位專家以個人身分組成，顧及地域分配以及不同文明與主要法系之代

表性。締約國於公約生效一年內，以及其後每兩年，應就其實際相關措施向秘書長提出報告。委員會審查締約國所送報告及情報，擬具總結意見與一般建議。締約國如果認爲其他締約國未實施本公約規定，得將此事通知委員會注意。如果六個月內爭執雙方未能談判解決，委員會應指派五人「和解委員會」調解。

本公約未附帶接受締約國公民申訴的任擇議定書，但是第十六條規定：「締約國得隨時聲明，承認委員會有權接受並審查在其管轄下、自稱因爲該締約國侵犯本公約所載任何權利行爲而受害的個人或個人聯名提出的來文」，其功能等同於任擇議定書。

第二節　禁止種族滅絕

㈠「種族滅絕」定義

「種族滅絕」乃是種族歧視的極端形式。1948年底聯合國通過《防止及懲治滅絕種族罪公約》，

其第二條定義「滅絕」（genocides）：「蓄意全部或局部消滅某一民族、人種、種族或宗教團體，犯有下列行爲之一者：⑴殺害該團體成員；⑵致使該團體成員在身體上或精神上遭受嚴重傷害；⑶故意使該團體處於某種生活狀況下，以毀滅其全部或局部的生命；⑷強制施行辦法，意圖防止該團體內的生育；⑸強迫轉移該團體兒童到另一團體。」滅絕罪（crime of genocides）也成爲日後「國際刑事法院」管轄的三大罪行之一，而羅馬規約對於滅絕罪的定義，措辭與本公約完全一致。

㈡少數團體權利宣言（1992）

1992年聯合國通過《屬於國家或是族群、宗教、語言少數團體者的權利宣言》（Declaration on the Rights of Persons Belonging to National or Ethnic, Religious and Linguistic Minorities）。總共九條條文：國家應該保護其境內的少數團體（第一條）；確認少數團體的公民、政治、社會、文化權（第二條）；確認個人與集體權利（第三條）；保護少數

團體對自己文化、語言等的權利（第四條）；國家
與國際政策應該考慮少數團體的需要（第五條）；
國家與聯合國的合作原則（第六至九條）。原住民
是否屬於少數民族？兩者最大區別是原住民與土
地連在一起，少數民族則不盡然。

㈢反對種族主義的世界會議

聯合國曾於1978與1983、2001年，舉行三次
反對種族主義世界會議（The World Conference against
Racism, WCAR）。第三次在南非德本（Durban）舉
辦，主題是「反對種族主義與種族歧視、仇外、
相關不寬容國際會議」（World Conference against
Racism, Racial Discrimination, Xenophobia and Related
Intolerance）。討論焦點是以色列對待巴勒斯坦人
的議題，譴責猶太錫安建國主義（Zionism）為種族
主義。西方國家反對，認為這是攻擊以色列。

第三節　相關議題舉隅

㈠丁丁也有種族歧視！

「丁丁歷險記」漫畫風行全球數十年，2007年7月卻被讀者指控種族歧視。英國一名人權律師在倫敦逛書店，發現「丁丁剛果歷險記」暗藏種族偏見，把剛果人描寫成智能不足、未開化的次等人類。律師致函英國種族平等委員會，指出此書不適合兒童看。「丁丁歷險記」是比利時漫畫家賀吉的系列漫畫，剛果歷險記是其第二本。賀吉也曾坦言，書中流露殖民者觀點。

㈡仇恨言論

1994年4月盧安達仇恨媒體（hate media）傳播仇恨言論（hate speech），煽動胡圖族「殺光土奇族蟑螂」。2003年8月盧安達國際刑事法庭（詳見第17講）以種族屠殺、煽動種族屠殺、危害人類罪起訴，求刑千丘自由電視台（Radio Télévision Libre des Mille Collines）負責人納西馬那無期徒刑、巴拉雅維札卅五年徒刑，甘古報（Kangur newspaper）主編

恩蓋哲無期徒刑。

「仇恨言論」意指針對個別團體，傳揚貶抑、威嚇、煽動敵意、甚至暴力的言論，而這種團體則是基於不同的種族、性別、年齡、國籍、道德取向、身體狀況、宗教、社會階層、性傾向。例如「同性戀恐懼症者」針對同性戀發出非理性的仇恨言論。近年來台灣政壇藍綠對決，仇恨言論屢見不顯，宜戒之。

㈢歐盟：煽動種族仇恨是刑事罪

2007年歐盟廿七個會員國決議，把鼓吹種族歧視、煽動仇外行為列為刑事罪。為了緩和人權團體認為可能侵犯言論自由的疑慮，特別加上解釋和但書。決議特別規定，煽動人群以仇恨或暴力，對付以基於種族、膚色、宗教、血統、國籍、族裔等因素定義的團體或其成員，屬於刑事罪，得提起公訴，判處一至三年徒刑。上述犯罪行為包括散發小冊子、圖片或其他資料。

歐盟經過近六年角力，達成此協議。德國要

求把否定納粹大屠殺的言論一併列入犯罪行為，並施以法律制裁，但未成功。此項決議文明定：會員國可以自行決定，只罰可能擾亂秩序的煽動行為，或是具有威脅性、侮辱性與侵犯性的煽動行為；否認納粹大屠殺之情事的言行，唯有在可能挑起仇恨、違反全歐盟法規時，才得以定罪。德國已於1985年立法，禁止否定納粹大屠殺言論，禁用納粹黨任何符號標誌、徽章等。

㈣消除種族歧視國際日（3月21日）

聯合國明訂3月21日為消除種族歧視國際日（International Day for the Elimination of Racial Discrimination），追思1960年南非夏普鎮屠殺（Sharpeville massacre），同時呼籲國際社會消除種族主義與種族歧視。該年此日，在南非約翰尼斯堡郊區夏普鎮，六千多名黑人在警察局前面和平示威，抗議白人政府實施通行法（Pass Law），規定黑人必須隨身攜帶通行證以備檢查。白人警察向示威群眾開槍，導致69人喪生，逾180人受

傷。南非全國各地爆發暴動，聯合國與國際社會紛紛譴責。

(五)國際母語日（2月21日）

「母語」的英文為mother tongue（母親舌頭），母親舌頭豈容砍斷。母語與族群脣齒相依，語亡則族亡。客家硬頸項俚語云：「寧賣祖宗坑，勿忘祖宗聲；寧賣祖宗田，勿忘祖宗言。」1988年底客家人發起「還我母語運動」，客家意識逐漸覺醒，才有近年行政院客家委員會、客家桐花祭、台灣客家文化藝術節、客家電視頻道之出現，客家文化之復興。

母語失傳，種族常會跟著蒸發。十九世紀埔里巴布薩族歌謠，悲嘆母語即將斷絕：「幼輩出來！喂，不分老幼皆出來！別變成漢人，我等語言當痛惜！汝等忘卻番語，怎配得上番人？汝等真笨拙，不會唱歌。不解自己的語言，尚欲吹噓，宛然像漢人。需警惕，別變成漢人！」

肯亞作家提翁哥（Ngugi wa Thiongo）在《解除心

理殖民》(Decolonising the Mind) 裡，談到小時候「在學校附近說母語(基庫宇語)而被逮個正著，乃是最羞辱的經驗。罪犯遭到肉體懲罰，脫下褲子，並被甘蔗莖抽打三到五下；或是頸子懸掛一片鐵板，上面寫著『我愚蠢，我是驢子』。有時候罪犯會被罰錢，我們是付不起的」。其實這是殖民地人民的共同經驗。

　　1996年巴塞隆納會議通過「世界語言權宣言」，主張所有語言都有資格成為官方語言。2000年聯合國教科文組織決議，把2月21定為國際母語日(International Mother Languages Day)，紀念1952年當日「孟加拉語言運動」遭到軍警鎮壓。1947年巴基斯坦脫離印度獨立，中央政府設在西巴基斯坦，以當地烏都語作為全國國語；東巴基斯坦(孟加拉)要求也把其語言列為國語。1952年初東巴基斯坦總督重申中央的語言政策，2月21日達卡大學學生與活躍份子示威抗議，遭到軍警射殺。事後中央政府讓步，但是語言運動轉化為獨立運動，1971年東巴基斯坦獨立為孟加拉。

㈥台灣認同不穩定

吳乃德（中研院社會所研究員）指出，大中國思潮逐年退化，八成民眾自認是台灣人。若是沒有戰爭，六成三民眾支持台灣獨立；若是中國民主化，近五成民眾也願意統一，顯示台灣民族認同處於不穩定狀態。很多人認為外省人懷有強烈的中國認同，其實外省人在認同上已和本省人逐漸匯流。外省民眾是在原有中國認同上，加上台灣認同；亦即接受台灣獨立，但是不放棄與中國統一的可能性。本省民眾則以台灣認同取代中國認同。這項差異造成雙方緊張。將近一半本省人認為外省人「不愛台灣」；外省人則認為「去中國化」打擊他們的中國認同，對他們不尊重。還好，全體民眾（包括主張統一者）都有高度共識，認為台灣前途只能由台灣人決定。（吳乃德，「從歷史文化綜觀台灣社會與民主發展」，中央社2007/08/19。）

其實這種緊張不難化除：協助中國國民黨本

土化（謝長廷主張），本省人就不致於會認爲外省人不愛台灣；體認中華文化可以改良而無從去除，外省人就不會覺得不受尊重。此外，中國如果民主化，兩岸不見得需要統一；澳洲與紐西蘭、美國與加拿大都是民主國家，並未統一。至於兩岸戰爭，中國比台灣更畏懼、更沒有本錢從事戰爭。

㈦邁向彩虹國家

1994年曼德拉就職南非總統後，詮釋「彩虹國家」（rainbow nation）說：「我們每個人，就像著名的普利多利亞紫荊花與大草原含羞草那樣，緊密附著在這個美麗國家的土壤，這個對自己與對世界都保持和平的彩虹國家。」南非聖公會大主教屠圖（Desmond Tutu）最早以「彩虹國家」形容南非，取意在大洪水後，上帝展現彩虹爲證，並對挪亞承諾「不再掀起洪水毀滅生物」（創世紀九：15）。屠圖勸勉南非四大族群和解共生，成爲「上帝的彩虹人民」（Rainbow People of God），彩虹

引申爲和平之意。屠圖曾以非暴力手段反抗南非白人種族隔離政策，獲得諾貝爾和平獎。南非國旗與世界同性戀組織旗幟都有「彩虹旗」之稱。

　　謝長廷競選陣營以七色彩虹旗幟，代表台灣各行業、各族群人民站在台灣這塊土地上，攜手邁向「台灣維新」。七色圖像包含提公事包的上班族、戴斗笠的農夫、戴工作帽的勞動者、羽毛象徵原住民、藍衫代表客家等彩虹顏色等；從政治角度來看，彩虹也涵蓋各政黨代表色。下排書寫「台灣維新／謝長廷」，調和藍綠兩種色彩，取代藍綠對決。

婦女權利

締約國採取一切適當措施：修正男女社會與文化行為類型，以消除基於性別尊卑觀念或男女刻板角色的偏見與習俗、以及其他所有實務。

——《消除一切形式婦女歧視公約》第五條第一款

《普世人權宣言》第廿五條特別強調：母親與兒童有權享有特別的照顧與協助。在一般社會裡，婦女與兒童最容易遭到歧視與虐待，連孔子都曾說過「唯女子與小人難養也」。然而西諺云：上帝無法照顧每一個人，所以化身為無數母親；回教穆罕默德聖訓：天堂就在母親腳旁。歧視婦女根本沒有道理。本講介紹聯合國與台灣在保護婦女權利方面的努力。

婦女享有什麼權利？1993年聯合國《消除對婦女的暴力行為宣言》指出：「婦女有權在政治、經濟、社會、文化、公民或其他任何領域，平等享有所有人權和基本自由。這些人權和自由並應受到保護」；接著指出這些權利包括：㈠生命權；㈡平等權；㈢自由和人身安全的權利；㈣受法律平等保護的權利；㈤不受一切形式歧視的權利；㈥身心健康方面達到其所能及的最高標準的權利；㈦得到公正和有利的工作條件的權利；㈧不受酷刑或其他殘忍、不人道或有辱人格待遇或處罰的權利（第三條）。

第一節　禁止施暴婦女

㈠「施暴婦女」定義

1993年《消除對婦女的暴力行為宣言》定義「施暴婦女的行為」：「對婦女造成或可能導致身心方面或性方面的傷害或痛苦的任何基於性別的暴力行為，包括威脅進行這類行為、強迫或任意

剝奪自由，而不論其發生在公共還是私人生活中」(第一條)，要求各國譴責施暴婦女的行為，不應以任何習俗、傳統或宗教考慮為由，逃避這種義務(第四條)。

第二條擴大解釋：「施暴婦女的行為，應理解為包括、但不限於下列各項：⑴在家庭內發生的身心方面和性方面的暴力行為，包括毆打、家庭中對女童的性凌虐、因嫁妝少而引起的暴力行為、配偶強姦、陰部割除和其他有害於婦女的傳統習俗、非配偶的暴力行為和與剝削有關的暴力行為；⑵在社會上發生的身心方面和性方面的暴力行為，包括強姦、性凌虐、在工作場所、教育機構和其他場所的性騷擾和恫嚇、販賣婦女和強迫賣淫；⑶國家所做或縱容發生的身心和性方面的暴力行為，無論其在何處發生。」

此外，聯合國人權網站文章「婦女與暴力」（Women and Violence），把施暴婦女分為三大類：⑴五種施暴婦女方式：家庭暴力、傳統習俗、女性陰部切割（FGM）、重男輕女（例如打掉女胎

兒）、嫁妝太少而毀容或焚死以及童婚；⑵社區裡施暴婦女：強暴、婚姻裡的性攻擊、性騷擾、娼妓與遭到人口販賣、施暴外籍女工、色情行業；⑶國家縱容施暴婦女：在居留所裡施暴婦女、在武裝衝突情勢裡施暴婦女、施暴女性難民、名譽殺害、慰安婦等。

㈡性侵害

性侵害（rape）又稱強暴、強姦、強制性交，乃是違背被害人意願，使用暴力、威脅或傷害等手段，強迫被害人進行性行為的犯罪。當被害人因為酒精或藥物影響，無法拒絕進行性行為時，與其發生性行為也被視為強暴。歷史學家安東尼‧比弗在《柏林在1945年陷落》一書中稱，蘇聯紅軍士兵曾在二戰後佔領東歐地區，強暴兩百萬名德國婦女和數千名蘇聯婦女。

在某些國家的法律中，只要成年人與未成年人發生性關係，不管該未成年人是否自願，強姦罪名都成立。中華民國刑法第227條第一項規

定，和未滿十四歲男女發生性交者，處三年以上、十年以下徒刑；和未滿十六歲男女性交，處七年以下徒刑。除了刑事責任外，也構成侵權行為，少年和家長都可以向對方求償。刑法「妨害性自主罪」的立法精神，認為少年對於性交行為懵懂無知，不具性自主權。即使兩情相悅，仍構成妨害性自主，而且都是重罪。「性侵害犯罪防治法」修正草案，增列惡性重大性侵犯、連續性侵犯併同執行鞭刑處分的條文。

(三)性騷擾

性騷擾（sexual harassment）指以性欲為出發點的騷擾，以帶性暗示的言語或動作引起對方不悅；只要言語或行為令人感到不悅，且存有性相關暗示，都構成性騷擾。以下是台灣三部涉及性騷擾的法律所下的定義：

(1)2002年《兩性工作平等法》定義性騷擾：「受僱者於執行職務時，任何人以性要求、具有性意味或性別歧視之言詞或行為，對其造成敵意性、

脅迫性或冒犯性之工作環境，致侵犯或干擾其人格尊嚴、人身自由或影響其工作表現【敵意工作環境】；雇主對受僱者或求職者為明示或暗示之性要求、具有性意味或性別歧視之言詞或行為，作為勞務契約成立、存續、變更或分發、配置、報酬、考績、陞遷、降調、獎懲等之交換條件【交換式性騷擾】。」(第十二條)

(2)2004年《性別平等教育法》：「性騷擾指符合下列情形之一，且未達性侵害之程度者：以明示或暗示之方式，從事不受歡迎且具有性意味或性別歧視之言詞或行為，致影響他人之人格尊嚴、學習、或工作之機會或表現者。以性或性別有關之行為，作為自己或他人獲得、喪失或減損其學習或工作有關權益之條件者。」(第二條)

(3)2005年《性騷擾防治法》：「係指性侵害犯罪以外，對他人實施違反其意願而與性或性別有關之行為，且有下列情形之一者：一、以該他人順服或拒絕該行為，作為其獲得、喪失或減損與工作、教育、訓練、服務、計畫、活動有關權益之

條件。二、以展示或播送文字、圖畫、聲音、影像或其他物品之方式，或以歧視、侮辱之言行，或以他法，而有損害他人人格尊嚴，或造成使人心生畏怖、感受敵意或冒犯之情境，或不當影響其工作、教育、訓練、服務、計劃、活動或正常生活之進行。」（第二條）

第二節　禁止歧視婦女

　　何謂歧視婦女？1979年聯大通過《消除一切形式婦女歧視公約》（Convention on the Elimination of All Forms of Discrimination against Women, CEDAW），1981年生效，有「國際婦女權利清單」之稱。公約第一條定義何謂婦女歧視：「基於性別而作的任何區別、排斥或限制，其影響或其目的均足以妨礙或否認婦女（不論已婚未婚）在男女平等的基礎上認識、享有或行使在政治、經濟、社會、文化、公民或任何其他方面的權利和基本自由。」2007年台灣向聯合國秘書處申請加入該公約失敗。

㈠公約內容

公約總共三十條，分為六個部分：

第一部分要求締約國立即推行政策，確保婦女在平等基礎上，行使和享有人權和基本自由；加速實現男女事實平等而採取的暫行特別措施，不得視為歧視；修正男女社會和文化行為模式，消除基於性別的偏見與習俗、以及一切其他實務；家庭教育包括正確了解母性的社會功能，確認教養子女是父母共同責任；禁止販賣婦女及迫使婦女賣淫營利的行為。

第二部分要求消除政治和公共生活中對婦女的歧視；婦女應有機會在國際上代表本國政府參加國際組織工作；婦女與男子有取得、改變或保留國籍的同等權利。

第三部分要求婦女在教育和體育方面享有與男子平等的權利；消除在就業方面對婦女的歧視，婦女不致因結婚或生育而受歧視；消除在保健方面對婦女的歧視，保證她們取得計劃生育的

保健服務；消除在經濟和社會生活方面對婦女的歧視；考慮農村婦女面臨的特殊問題；消除對農村婦女的歧視。

第四部分要求男女在法律前平等：在公民事務上，給予婦女與男子同等的法律行為能力，以及行使這種行為能力的相同機會。特別給予婦女簽訂合同和管理財產的平等權利，並在法院和法庭訴訟各個階段給予平等待遇；消除有關婚姻和家庭關係上對婦女的歧視，童年訂婚和結婚不具法律效力。

第五部分是「消除婦女歧視委員會」事宜，第六部分則是加入公約等技術規定。

(二)委員會與任擇議定書

消除婦女歧視委員會（Committee on the Elimination of all forms of Discrimination against Women）獲有經濟社會理事會的「提升婦女地位司」支持。締約國應在公約生效一年內、以後至少每四年一次，就執行公約情況向委員會提出報告。委員會負責審

理締約國對於其他締約國破壞公約的指控、以及締約國公民對其政府的個人申訴。

2000年聯大通過「任擇議定書」。締約國國民如果相關權利遭到侵犯，且在國內試過所有可能補救方法無效，可以書面文字申訴。委員會可以機密方式提請締約國注意來文陳述事情，締約國應在六個月內提出書面答覆。

第三節　四次世界婦女會議

聯合國總共召開過四次世界婦女會議（World Conference on Women）。1975年第一次大會在墨西哥城舉行，通過《實現國際婦女年目標世界行動計劃》，擬定「聯合國婦女十年：平等、發展與和平 1976-1985」。

1980年第二次大會在哥本哈根舉行，審查「聯合國婦女十年」前半期進展，通過《後半期行動綱領》。

1985年第三次大會在肯亞內羅畢（Nairobi）舉行

「審查和評價聯合國婦女十年成就世界會議」，通過《到2000年為提高婦女地位前瞻性戰略》。以平等、發展與和平為總目標，期在2000年之前進一步實現男女平等、共同參與國家發展。

1995年第四次大會在北京舉行，發表《北京宣言與行動綱要》，確立戰略目標。《行動綱要》以「聯合國婦女十年：平等、發展與和平」的承諾為基礎，提出十二個重大關切領域：婦女與貧窮、婦女教育與培訓、婦女與保健、對婦女的暴力行為、婦女與武裝衝突、婦女與經濟、婦女參與權力和決策、提高婦女地位的體制辦法、婦女的人權、婦女與媒體、婦女與環境、女童。

2000年「北京加五」在聯合國總部紐約舉行，主題「2000年婦女：廿一世紀兩性平等、發展與和平」。會議發表《政治宣言》，審查和評價1985年《提高婦女地位內羅畢前瞻性戰略》和1995年《北京行動綱要》執行情況。2005年2月「北京加十」也在紐約舉行。

第四節　台灣婦女保護的相關法律

　　1996年民進黨婦女部主任彭婉如遇害，引起台灣社會各界震撼。卅多個婦女團體組成全國婦女連線，發起「女權火照夜路大遊行」。在社會壓力下，立法院通過性侵害犯罪防治法，教育部成立兩性平等教育委員會，學校必須實施兩性平權教育，從而誕生性別平等教育法。

㈠113專線

　　從2007年九月起，家庭暴力、性侵害、兒童少年保護三種案件電話通報，合併為「113專線」，廿四小時服務。內政部「家庭暴力及性侵害防治委員會」全面代替地方政府接聽，並且設置五國語言通譯（英語、印尼語、越語、泰語、東埔寨語）。113專線與電信局合作，設有衛星定位。男性關懷專線0800-013-999仍然存在。

　　113專線始於2001年，原由中央和各級地方政

府分散接線。平均每年接到四十萬通來電,以婦女受暴與兒童受虐案件最多。受暴男性大都是老人,通常年輕時虐待妻子,年老遭到報復。

(二)性侵害犯罪防治法(1997)

本法在1997年實施,旨在防治性侵害犯罪及保護被害人權益,「性侵害犯罪」係指觸犯刑法相關條文者。內政部成立「性侵害防治委員會」,地方政府成立「性侵害防治中心」。各級中小學開授性侵害防治教育課程,每學年至少應有四小時以上。醫事、社工、教育、保育、警察、勞政人員,知有疑似性侵害犯罪情事者,應立即向當地主管機關通報,至遲不得超過廿四小時。通報內容與通報人資訊應予保密。內政部建立全國性侵害加害人之檔案資料,包含指紋、去氧核醣核酸(DNA)紀錄。醫院、診所應保護被害人之隱私。被害人得向地方政府申請經費補助,包括醫療與心理復健費用、訴訟費用等。加害人有期徒刑或保安處分完畢,必要時應命其接受身心治

療或輔導教育。必要時對加害人處以罰鍰。

(三)家庭暴力防治法(1998)

本法於1998年實施。「家庭暴力行為」定義為「家庭成員間實施身體或精神上不法侵害行為」，將之成罪化(家庭暴力罪)。「家庭成員」包括配偶或前配偶，現有或曾有事實夫妻關係、家長家屬或家屬關係者，現為或曾為直系血親或直系姻親，現為或曾為四親等以內之旁系血親或旁系姻親。後來也納入「沒有結婚的男女同居關係」以及「同性戀關係」。

傳統觀念把家庭暴力視為管教行為、家務事，本法規定各級政府積極介入。內政部設置「家庭暴力及性侵害防治基金」；地方政府設置「家庭暴力防治委員會」與防治中心，結合警政、教育、衛生、社政、戶政、司法等相關單位，辦理廿四小時電話專線，被害人之心理輔導、職業輔導、住宅輔導、緊急安置與法律服務，加害人追蹤輔導之轉介、被害人與加害人身

心治療之轉介、推廣各種教育訓練與宣傳等。警察發現家庭暴力罪之現行犯，應逕行逮捕之。

家庭暴力的被害人可向法院聲請「民事保護令」，分為緊急、暫時、通常保護令三種。法院得不經審理程序，直接核發緊急與暫時保護令；「通常保護令」必須法院開庭審理終結後，認有家庭暴力事實且有必要才核發，有效期間一年以下，可以變更或延長，期間為一年以下。加害人違反保護令，應負刑事責任。

「通常保護令」分為七類：⑴禁制令：禁止加害人施行家庭暴力，禁止對被害人進行騷擾、通話、通信、其他非必要聯絡行為；⑵遷出令：命加害人遷出被害人之住居所（驅逐令）；⑶遠離令：命加害人遠離被害人住居所、學校、工作場所、或經常出入之特定場所；⑷決定令：定汽車、機車、其他個人生活或就業、教育上必須品之使用權，必要時並得命交付之；定未成年子女之暫時監護權；定未成年子女之探視會面權；禁止加害人查閱暫時監護之未成年子女戶籍、學

籍、所得相關資訊；(5)給付令：命加害人給付被害人租金、扶養費，命加害人交付被害人醫療、輔導、庇護所、財物損害等費用；命加害人負擔律師費；(6)防治令：命加害人完成處遇計畫：如戒癮與精神治療、心理或其他輔導；(7)其他保護令。

㈣兩性工作平等法 (2002)

本法於2002年公布實施，分為六章。第一章為總則：保障兩性工作權平等，消除性別歧視、促進兩性地位實質平等。適用對象為雇主與受僱者、軍公教人員；行政院勞工委員會與地方政府應設「兩性工作平等委員會」，辦理各類職業訓練。第二章是禁止性別歧視：招募、甄試、進用、分發、配置、考績或陞遷等（工作性質僅適合特定性別者除外）、教育訓練、福利措施、薪資給付、退休、資遣、離職及解僱，不得因性別而有差別待遇。第三章是防治性騷擾：性騷擾定義；防治措施、申訴及懲戒。第四章是促進工作平等

措施：女性受僱者每月得請生理假一日，請假日數併入病假計算。產假八星期，流產者則依妊娠長短而有四星期至五日不等的產假，其配偶陪產假二日，工資照給。育嬰留職停薪，不得逾二年。子女未滿一歲，除規定休息時間外，僱主應每日另給哺乳時間二次，每次以三十分鐘為度，視為工作時間。為撫育未滿三歲子女，得向僱主請求每天減少工作時間一小時，不得請求報酬或是調整工作時間。如果家人預防接種、嚴重疾病或其他重大事故，須親自照顧時，得請家庭照顧假，其請假日數併入事假計算，全年以七日為限。第五章是救濟及申訴程序，第六章是罰則，第七章則是附則。

㈤性別平等教育法（2004）

2004年實施，分為五章。第一章為總則：促進性別地位實質平等。各級主管機關以及學校設置「性別平等教育委員會」，推動性別平等教育課程、教學、評量。「校園性侵害或性騷擾事

件」定義爲「一方爲學校校長、教師、職員、工友或學生，他方爲學生者」。第二章規定學校不得因學生之性別或性傾向而給予差別待遇。積極協助同性戀與跨性別學生、懷孕學生。招生不得性別歧視，基於歷史傳統等例外。教師與行政人員職前與在職教育，要有性別平等課程。學校建立安全校園，改進廁所盥洗設施等，保障懷孕學生受教權。第三章規定課程應有性別平等教育。教師應具備性別平等意識，鼓勵學生修習非傳統性別之學科領域。課程應涵蓋情感教育、性教育、同志教育。第四章是防治校園性侵害或性騷擾：除了依法通報外，由性別平等教育委員會調查處理。應告知被害人或其法定代理人，其可以要求之權益及各種救濟途徑。第五章是學校違反規定時，被害人得向主管機關申請調查。

㈥性騷擾防治法（2005）

2005年公布，次年施行。旨在防治性騷擾及保護被害人之權益。第一章總則定義性騷擾。內

政部辦理相關事項，地方政府應設性騷擾防治委員會。第二章規定防治責任：機關、部隊、學校、機構或僱用人，應防治性騷擾之發生。內政部訂定性騷擾防治準則，包括性騷擾防治原則、申訴管道、懲處辦法、教育訓練方案及其他相關措施。性騷擾者應負賠償責任。傳播媒體原則上不得報導或記載被害人資訊。第三章是申訴及調查程序：被害人可請求協助，於一年內申訴，性騷擾防治委員會主委應於七日內調查。第四章是調解程序：當事人得向地方主管機關申請調解。勘驗費應由當事人核實支付外，不得收取任何費用。調解不成立者，當事人得向事業主管機關申請移送法辦。第五章為罰則：意圖性騷擾，乘人不及抗拒而為親吻、擁抱或觸摸其臀部、胸部或隱私處之行為者，處兩年以下有期徒刑、拘役或併科十萬元以下罰金，告訴乃論。第六章為附則。

第五節　婦女議題舉隅

㈠性別主流化

性別主流化（Gender Mainstreaming）意指擬訂任何立法或政策、計畫時，應該評估會在所有領域與層面，對婦女與男人產生什麼影響。1997年經濟社會理事會正式定義：「把性別透視（gender perspective）主流化，乃是評估各種有計畫的行動，包括立法、政策或計劃，在所有領域裡與層次上，對於婦女和男性的影響之過程。這也是一種策略，旨在各種經濟、政治、社會的政策和計劃的設計、執行、監督、評估中，統合婦女和男性的關注與經驗，使婦女和男性同樣受益，不受不平待遇。最終目標是達到性別平等。」

經濟社會理事會同時確定四個原則：各種議題都應該設定成能夠考慮性別差異的形式，而不該假設該議題與性別無關；性別主流化這個過程，必須全面而有系統的進行，要由最高層的機

關負責，而且要監督進度；推行性別主流化，不代表不需要制定針對婦女的政策或立法；性別主流化需要明確的政治意志與財務、人力分配。

㈡**女性陰部切割**（FGM）

女性陰部切割（Female Genital Mutilation, FGM）俗稱女性割禮（Female circumcision）。割除女孩小陰唇與陰蒂，縫合大陰唇，使之無法性交，只留下小孔，供排除小便與月經。結婚後，才由丈夫拆線開封。這是男人沙文主義的處女崇拜作祟。索馬利亞國際名模沃莉絲・迪里自述，五歲時父母請來吉普賽女人，半夜就在樹林裡行割禮。沒有消毒或麻醉，刀片來回割著皮肉，她暈過好幾次。事後用樹幹尖刺縫合陰部。

聯合國人口基金說，2007年全球約有一億二千萬到一億四千萬女性受過切割，每年還有三百萬女孩面臨切割命運，造成終身生理和心理創傷。留下傷疤缺少彈性，日後生產時，容易招致剖腹產、大出血、死胎。割禮常在十歲前實施，

使用草藥、泥土、灰燼來止血與消炎，往往造成傷口嚴重發炎、潰爛、喪命。女性割禮目前在廿八個非洲國家依然大行其道，其移民也把這種陋俗帶到歐美國家，遭到當地政府判刑。聯合國定2月6日為「反對切割女性陰部國際日」（International Day Against FGM）。

㈢名譽殺害

在某些社會裡，婦女代表家族名譽。每當婦女遭到婚外性關係懷疑時，常會受到最殘酷的懲罰，由父執輩與兄弟執刑。婦女遭到強暴，也會被控非法性關係罪（zina），甚至以石頭擊斃。男性家屬認為必須將她們處死，才能「清洗門風」。這種名譽殺害（honor killings）是癘三習俗，不敢尋找涉嫌男子算帳，反而處死自家女孩。

以色列境內某阿拉伯裔家族，七年來共有八名女子「有辱家門」而被男性親屬殺害；2007年第八位女子被殺後，女性親屬（包括母親）指出哥哥涉嫌殺害妹妹。英國籍伊拉克裔男子瑪默德，

不滿女兒拒絕婚姻安排並與男友暗中交往，竟把女兒關在親戚家中兩星期，並不時毆打。後來家族開會，決定把她處死。2005年初，瑪默德逼迫女兒喝下半瓶白蘭地，準備把她勒死，女兒破窗而逃。不久，數名男子闖入女兒房間，用鞋帶將她勒死。

㈣台灣外籍配偶

　　根據內政部統計數字，從1987年1月至2007年7月底，台灣共有外籍與大陸配偶39萬3630人，其中外籍配偶13萬5830人（34.51%），大陸配偶（含港澳）25萬7800人（65.49%）。截至2007年8月，台灣外籍配偶落跑者，至少六萬四千人，其中中國新娘四萬五千人，佔總數七成。台灣民眾不排斥跨族群通婚，但是擔憂外籍配偶人數增加，可能擁有投票權而左右政局。中國新娘平均生育數才0.72個小孩，比東南亞外籍新娘1.05個更少。

　　過去中國女子假結婚，來台打工或賣淫，通常嫁給老芋仔，近幾年卻有年輕化傾向。來台仲

介費每人約台幣三十萬到五十萬元，人蛇集團給付台灣人頭約十萬元。這些年輕人貪財好色，鬧得人財盡失。此外，台灣女權團體建議增訂防家暴條款，讓受虐外籍配偶享有永久居留權，才更有勇氣說出受暴事實。

㈤台灣女性難超度（王鏡玲觀點）

現代女性與祖先牌位之間，張力越來越嚴重，嬰靈超度也日益頻繁。「祖先牌位」以父系傳承爲主，延續血緣共同體在精神面（慎終追遠）與物質面（確保私有財產傳承與分配）的凝聚力。過去女子嫁給夫家，成爲男方族譜成員；現代女子越來越多不婚或離婚，按照傳統習俗，將成爲孤魂野鬼，較多選擇皈依宗教團體。

「嬰靈超度」就是傳統宗教信仰面對性關係日益頻繁的調解途徑。性觀念開放，卻讓性行爲變成更多女性身心夢魘。墮胎不僅危害身體健康，在傳統宗教信仰影響下，被除去的胚胎轉變成冤親債主，使女性內心愧疚（聯合報2007/08/27）。如

何解決這兩個問題？

㈥台灣女性文化地標

2006年「國家文化總會」副秘書長陳秀惠女士，初步規劃二十個「女性文化地標」，見證台灣婦女文化歷史演變：淡水女學堂，長榮女中，清信產婆講習所，彰化婦女共勵會，諸羅婦女協進會，婦女聯合會，基督教女青年會，養女之家，許世賢紀念碑，蔡瑞月舞蹈社，拓荒者出版社，婦女新知，主婦聯盟，女書店，花蓮慰安所遺址，貞節牌坊，台南五妃廟，高雄廿五淑女墓，姑娘廟，西拉雅族婦女節。

㈦LGBT社會運動

意指由女同性戀者（lesbian）與男同性戀者（gay）、雙性戀者（bisexual）、跨性別者（transgender people）發動，爭取社會各界接受同性戀（homosexuality）與雙性戀（bisexuality）、跨性別（transgenderism）的社會運動。

這些社會運動包含男女同性戀權利運動（Gay and Lesbian Rights Movement）、男同性戀解放運動（Gay Liberation）、女同性戀女權運動（Lesbian Feminism）、酷兒運動（Queer Movement）、跨性別運動（Transgender Activism）。旨在爭取社會平等地位，以及免於性別壓迫（sexual oppression）的社會解放，有些人更要求營造LGBT社群與同性戀結婚。

如今LGBT社會運動包含廣泛的政治與文化活動，諸如政治遊說與街頭遊行；成立社會團體與支援團體；出版刊物，製作影片，發表文學作品；從事學術研究與發表論文，甚至從事相關商業活動。他們的旗幟是六色橫紋彩虹旗（參考 Wikipedia 條文 LGBT Social Movements）。

第十講
禁止酷刑與強迫失蹤

任何特殊情勢，不論是戰爭狀態或受到戰爭威脅、國內政局不穩定或任何其他公共緊急狀態，均不得作為酷刑的辯護理由。

——《禁止酷刑公約》第二條第二款

任何人都不應遭到強迫失蹤；任何特殊情勢，不論是戰爭狀態或受到戰爭威脅、國內政治不穩定或任何其他公共緊急狀態，均不得作為強迫失蹤的辯護理由。

——《保護所有人免遭強迫失蹤國際公約》第一條

酷刑與強迫失蹤可能是和人類一樣古老的侵犯人權罪行。1948年《普世人權宣言》第五條、1966年《公民與政治權利國際盟約》第七條都規

定，對任何人都不得施以酷刑或殘忍、不人道或
侮辱性的待遇或刑罰。本講介紹聯合國處理這兩
個議題的公約。

第一節　禁止酷刑公約

1984年底，聯大通過《禁止酷刑和其他殘
忍、不人道或有辱人格的待遇或處罰公約》
（Convention against Torture and Other Cruel, Inhuman or
Degrading Treatment or Punishment, 簡稱禁止酷刑公約
CAT），1987年生效。在此之前，聯合國通過
1955年《囚犯待遇最低限度標準規則》、1975年
《保護人人不受酷刑和其他殘忍、不人道或有辱
人格待遇或處罰宣言》和1979年《執法人員行為
守則》。

㈠「**酷刑**」定義

何謂酷刑？《禁止酷刑公約》第一條定義酷
刑：「為了從某人或第三者取得情報或供狀，為

了他或第三者所為或涉嫌的行為而對他加以處罰，或是為了恐嚇或威脅他或第三者，或是為了基於任何歧視的理由，蓄意使某人在肉體或精神上遭受劇烈疼痛或痛苦的任何行為，而這種疼痛或痛苦是由公職人員或以官方身分行使職權的其他人所造成，或在其唆使、同意或默許下造成的。但是純因法律制裁而引起，或法律制裁固有或附帶的疼痛或痛苦，不包括在內。」

近年來，美國軍事人員對於囚犯採取「壓迫與監禁審訊技巧」（Stress and duress interrogation techniques），特別是在伊拉克阿布格瑞伯監獄（Abu Ghraib prison）、阿富汗巴格蘭監獄（Bagram prison）、古巴關達那摩灣監獄（Guantánamo Bay prison），此公約再度引起世人的注意。

㈡《禁止酷刑公約》

公約共有卅三條條文，其中重點如下：⑴締約國應採取有效立法、行政、司法或其他措施，防止其境內出現酷刑行為；任何特殊情況，不論

是戰爭狀態、戰爭威脅、國內政局動盪或其他社會緊急狀態，均不得作為施行酷刑的理由；上級官員或政府當局的命令，不得作為施行酷刑的理由（第二條）；(2)如有充分理由相信，任何人在另一國家將有遭受酷刑之虞，締約國不得將該人驅逐、遣返或引渡至該國（第三條）；(3)締約國應將酷刑定為刑事罪行（第四條）；(4)締約國對於發生在其轄境內，或在該國註冊的船舶或飛機上的酷刑行為，都有管轄權（第五條）；(5)締約國確認其轄境內發生酷刑時，主管當局立即進行公正調查（第十二、十三條）；(6)締約國應在其法律體制內，確保酷刑受害者得到充分賠償（第十四條）。

(三)委員會與任擇議定書

反酷刑委員會（Committee Against Torture, CAT）監督締約國執行公約情況。締約國在加入公約後一年內、以後每隔四年，必須向委員會提出報告。委員會也審查締約國的自稱相關權利遭到侵害者提出的個人申訴，進行調查，調解締約國之間的

爭執。委員會每年在日內瓦召開兩個會期。

2002年聯大通過《反酷刑公約》任擇議定書（OP to the CAT），2006年生效。旨在建立一種定期查訪制度，以防範酷刑和其他殘忍、不人道或有辱人格的待遇或處罰（第一條）。創立「防範次委員會」（Subcommittee on Prevention, 全稱是 Subcommittee on Prevention of Torture and Other Cruel, Inhuman or Degrading Treatment or Punishment of the Committee against Torture），可前往締約國監禁地點進行實地調查。

第二節　保護所有人免遭強迫失蹤國際公約

2006年聯大通過《保護所有人免遭強迫失蹤國際公約》（International Convention for the Protection of All Persons from Enforced Disappearance），次年開放簽署，將在二十個國家批准三十天後生效。在此之前，1980年人權委員會成立「失蹤問題工作

組」，1992年聯合國通過《保護所有人不遭受強迫失蹤宣言》。

㈠強迫失蹤與失蹤者

⑴強迫失蹤：公約第二條定義強迫失蹤：「係指由國家代理人，或得到國家授權、支援或默許的個人或組織，進行逮捕、羈押、綁架，或以任何其他形式剝奪自由的行為，並且拒絕承認剝奪自由之實情、隱瞞失蹤者的命運或下落，致使失蹤者不能得到法律保護。」第一條規定：「任何人都不應遭到強迫失蹤；任何特殊情勢，不論是戰爭狀態或受到戰爭威脅、國內政治不穩定或任何其他公共緊急狀態，均不得作為強迫失蹤的辯護理由。」第五條把大規模或有組織的強迫失蹤行為列為「危害人類罪」。

⑵失蹤者（*los desaparecidos*）：特指阿根廷軍政府推行國家重建程序（Proceso de Reorganización Nacional, 1976-1983）期間，進行政治暗殺的受害者（外界稱此程序為「骯髒戰爭」Dirty War）。畢德拉將

軍（Videla）曾說：「他們還沒死，也沒活著。他們失蹤了。」如今失蹤者母親每星期四聚在總統府前廣場抗議，稱爲「五月廣場母親」（Madres de Plaza de Mayo）。骯髒戰爭失蹤多少人？民間估計約有三萬人；1983年底，阿封索總統成立國家失蹤者委員會，其報告書《永遠不再》（Nunca Más, Never Again）只找出九千人。

　　就台灣而言，二二八事件失蹤者人數多少，也永遠是個謎。謝聰敏指出：當時「佔領軍政府常常處死討厭的人或有威脅的人，受害人的屍體隨後丟在河邊、路邊、或埋葬在沒有標記的泥土堆裡。二二八事件中，有正法及死亡名冊、逃逸人犯名冊、自新份子名冊、曾經被捕或已釋放名冊、現在消遙法外份子等黑名單」。然而絕大多數失蹤者姓名，不可能出現在這些名冊裡。因此，學術統計數字比民間評估低得離譜：從朱浤源估計的763人，到陳寬政估計的最多二萬八千人不等。

㈡公約內容與委員會

公約除了序言之外，分為三部分。第二部分是「強迫失蹤委員會」相關事宜，第三部分是公約簽署與修改等技術規定。第一部分才是實質規定，重點包括：⑴締約國政府必須對所有被拘留者進行正式登記；⑵包括戰爭、戰爭威脅、政治不穩定和緊急事件在內，沒有任何情況可以作為強迫失蹤的藉口；⑶大規模或者有系統的強迫失蹤事件，構成相關國際法定義的「危害人類罪」，責任者必須承擔相關後果；⑷任何締約國都不得送回、遣返、交出或引渡有明顯證據表明處於強迫失蹤危險中的人；⑸任何人都不應當受到秘密關押；⑹被拘留者有權享受正常的法律程序並定期與家人會面；⑺家屬有權知道被拘留者下落。

強迫失蹤委員會（Committee on Forced Disappearances）將由十名專家組成。各締約國應在公約生效兩年內，向委員會提交報告，說明履行本公約的情

況。失蹤者的親屬或法律代表、律師、任何授權
者均可提出緊急事項，請求委員會查找失蹤者。
締約國發生大規模強迫失蹤，委員會可緊急提請
聯合國大會注意。

第三節　酷刑惡例：
　　　　活摘法輪功學員器官

　　2007年5月初，聯合國人權理事會「酷刑問題
特別報告員」（Special Rapporteur on Torture）諾瓦克
（Manfred Nowak），在前往中國實地調查返回後，
針對中共活摘法輪功學員器官議題，提出最新報
告。他指出早在2001年，遼寧省瀋陽市蘇家屯醫
院，就開始大規模摘取法輪功學員器官，如心
臟、腎臟、肝臟、眼角膜等。他們給法輪功學員
注射藥物，使之心臟衰竭，在手術後即刻死亡，
屍體立刻火化，焚屍滅跡。

　　報告具名指出中國八家醫院的「器官移植中
心」與兩家「拘留中心」的工作人員，承認做過活

體法輪功學員器官移植。此外，一些拘留所領導人指出，三家法院介入買賣法輪功學員器官。報告還指出，中國移植手術等待時間很短、移植數量遠超過可確認來源，顯示中國存在著大量活體供應庫。

1992年法輪功成立，練功強身，降低國家醫療開支，獲得政府嘉許。1999年4月約萬名學員前往天安門靜坐；江澤民大駭，乃於6月10日成立「中共中央處理法輪功問題指導小組」(610辦公室)，對學員進行「名譽上搞臭、經濟上搞垮、肉體上消滅」。7月20日江澤民宣布法輪功為「邪教」，妨礙國家安全與社會安定。2000年以後，中國器官移植手術量激增，與迫害法輪功時間相吻合。2006年7月加拿大獨立調查員馬塔斯和喬高發佈報告，證實中共活摘器官[1]。

---

[1] 關於法輪功，參見蔡百銓《中國學15講》(前衛出版社，2007)，第七講第四節與第九講「維權運動」。

兒童權利

深信家庭作為社會的基本單元，作為家庭所有成員、特別是兒童的成長和幸福的自然環境，應獲得必要的保護和協助，以充分負起它在社會上的責任。

——《兒童權利公約》序言

兒童不是父母的私人財產，他們是權利主體而非客體。黎巴嫩詩人紀伯倫（Kahlil Gibran）詩集《先知》（The Prophet）說道：「孩子不是你的孩子。他們是生命對於自身的期望。他們經由你而來，但不是從你而來。他們雖然與你一齊生活，卻不屬於你。」[1]本講介紹聯合國與台灣在保護兒

---

[1] Your children are not your children. They are the life's longing for itself. They come through you, but not from you. Although

童權利方面的努力。

第一節　早期國際社會的努力

　　在1919年國際聯盟成立前，即有個別學者與國家提倡兒童權利。1796年史賓斯（Thomas Spence）《嬰兒權利》（The Rights of Infants）出版，提倡兒童天賦人權，開風氣之先。1917年俄國大革命後，莫斯科無產階級文化局（Proletkult）發表兒童權利宣言（Declaration of Children's Rights）。國際聯盟成立後，國際勞工組織舉行首次國際童工大會，通過《最低年齡公約》，規定十四歲為工業雇用兒童最低年齡。

　　1919年英國人耶伯（Eglantyne Jebb）成立拯救兒童組織（Save the Children）。同年波蘭教育家柯札克（Janusz Korczak）《如何愛兒童》（How to Love a Child）、1929年《兒童應受尊重的權利》（The

---

they live with you, they do not belong to you.

Child's Right to Respect）出版，倡導把兒童權利分離於成人權利。耶伯也起草「兒童權利宣言」，1924年國際勞工組織通過，1959年聯合國再修改通過。

1946年聯合國國際兒童緊急救援基金會（UN International Children's Emergency Fund, UNICEF）成立，現稱聯合國兒童基金會（United Nations Children's Fund），簡稱沿用UNICEF。總部設在紐約，對開發中國家的母親和孩子，長期提供人道和發展援助。基金會是個志願性機構，依靠政府和私人捐助，1965年獲得諾貝爾和平獎。

目前聯合國兒童基金會配合聯合國推動「千禧年發展目標」，加強五大工作：㈠女童教育；㈡注射疫苗，同時補充營養、分發蚊帳等，直接改善全球兒童健康。但是全球每年仍有超過兩百萬兒童，因未接受疫苗注射而死於疾病；㈢保護兒童，以免被迫充當士兵、娼妓、廉價勞工和僕人；㈣防治愛滋病，愛滋病使得一千四百萬兒童成為孤兒；㈤推動兒童基本教育，預防疾病，提

供潔淨的飲用水和基本衛生。其他工作重點還包括救助兒童、控制兒童色情節目等等。

第二節　兒童權利公約

1978年聯合國人權委員會會議上，波蘭學者亞當‧洛帕薩倡議與主持起草《兒童權利公約》（Convention on the Rights of the Child, CRC），1989年11月20日獲得聯大通過，此日成爲兒童權利日（Children's Rights Day），1990年生效，目前唯有美國與索馬利亞未批准。《兒童權利公約》旨在建立保護兒童的國際標準，以防兒童遭到忽視、剝削和虐待。兒童是指未滿十八歲的青少年。瑞典與芬蘭、烏克蘭政府特別成立兒童權利監護官（children's rights ombudsman）。

㈠公約內容簡介

《兒童權利公約》包括序言與54條條文，分爲三大部分。第二部分闡述締約國義務：推廣對兒

童權利之認識與實踐、公告政府各機關之職責、定期檢討實施情況與提交報告；第43-45條爲兒童權利委員會事宜。第三部分是加入公約等技術規定。

第一部分爲前四十一條，強調重視和保護18歲以下兒童之人權。從第37條開始，有如下的重點：未滿十八歲者犯罪，不應判處死刑或無期徒刑；被監禁的兒童應與成年犯隔開；不得對兒童施以酷刑；十五歲以下兒童不得參與任何敵對行動；遭受武裝衝突之害的兒童，應受到特別保護；受到虐待、忽視或監禁的兒童，應得到適當的醫療或康復和復原療養；兒童觸犯刑法，應促進其尊嚴和價值感，協助他們重返社會。

㈡四大原則

公約反映現代社會對於兒童應有的新觀念：孩子不是父母的私有財產，也不是只靠施捨而無法自立的被動者。他們是獨立個體，可以主動爲自己爭取權利。公約指出兒童權利的四大原則：

⑴免受歧視的權利：「不得因兒童本人或其父母或法定監護人之種族、膚色、性別、語言、宗教、政治或其他主張、國籍、出身、財富、殘障、出生或其他地位之不同而有所歧視。應尊重並確保其轄區內每一兒童在本公約中所揭櫫之權利」（第二條第一款）；「應採取一切適當措施，確保兒童免於因父母、法定監護人或家族成員之地位、行為、主張或信念之關係而遭受各種差別待遇或處罰。」（第二條第二款）

⑵以兒童最大福祉為依歸：「所有關係兒童之事務，無論是否由公私社會福利機構、法院、行政當局或立法機關所主持，均應以兒童之最大福祉（the best interests of the child）為優先考慮。」（第三條第一款）

⑶生存權和發展權：簽約國「承認兒童與生俱有之生存權利。應盡最大可能，確保兒童的生存與發展」（第六條）；「應承認所有兒童有為其身體、精神、道德以及社會之正常發展，獲得相當水準之生活之權利」（第廿七條第一款）；「應依照

國內之條件，在財力許可範圍內，支援父母以及其他對兒童負有責任者，完成此項責任時所必須之適當措施。必要時，特別對營養、衣服以及住所，提供必要之物質援助與支援措施。」（第廿七條第三款）

⑷參與權，包括自由發表言論的權利；思想、信仰和宗教自由的權利；結社自由及和平集會自由的權利；兒童應有時間休息和遊戲，有同等機會參加文化和藝術活動（第31條）。

㈢委員會與任擇議定書

兒童權利委員會（Committee on the Rights of the Child）監察締約國執行公約和任擇議定書情況。締約國須於公約生效兩年內、其後每五年提出報告一次。

2000年聯大通過兩份任擇議定書，2002年生效。第一份稱為《關於販賣兒童、兒童賣淫和兒童色情的「兒童權利公約任擇議定書」》（OP to the CRC on the sale of children, child prostitution and child pornography）。第二份稱爲《關於兒童捲入武裝衝突問題的「兒童權利公約任擇議定書」》（OP to the CRC on the involvement of children in armed conflicts），各國應確保未滿十八歲者不被強制加入武裝部隊、不直接參加敵對行動（兒童權利公約規定是十五歲）。

1999年人權觀察（Human Rights Watch）估計：全球約有三十萬名未滿18歲的童兵（child soldiers），在三十多個國家參加軍事衝突。1999年國際勞工組織「兒童勞動最壞形式公約」（Worst Forms of Child Labour Convention, No. 182），把強迫徵召兒童加入武裝衝突列爲刑事罪。2002年2月12日第二份議定書生效，該日定爲「紅手日」（Red Hand Day），提醒人們關心兒童被迫從軍的現象。

第三節　台灣有關兒童權利的法律

台灣除本節介紹的相關法律之外，廣播電視法與衛星廣播電視法也都有「妨害兒童或少年身

心健康」的罰則。

㈠兒童及少年性交易防制條例

本法於1995年公佈實施，主要內容為：定義性交易（有對價之性交或猥褻行為）；學校實施「性交易預防宣導」課程；政府相關單位以及民間應該共同合作，努力救援從事或者可能從事性交易的兒童少年，一旦發現後，請家長帶回輔導管教，或為他們尋找適當地點安置輔導，讓他們完成國中學業，並改變錯誤想法；對於強迫、引誘他們從事性交易的人，依照其犯罪輕重，依據刑法及本條例等相關法律判刑及罰金，並讓他們上輔導教育課程。

㈡兒童及少年福利法

2003年合併兒童福利法與少年福利法，公佈施行兒童及少年福利法。本法分為五章。第一章總則：促進兒童及少年身心健全發展，保障其權益，增進其福利；兒童指未滿十二歲，少年指

十二歲以上、未滿十八歲之人；父母或監護人應負保護教養之責任；中央主管機關爲內政部兒童及少年局，地方政府爲兒童及少年福利專責單位。第二章爲身分權益：出生通報；收養兒童關係效力；設立收養資訊中心。第三章爲福利措施：地方政府應自辦或獎勵民間辦理福利措施；三歲以下兒童之醫療照顧措施；優先照顧兒童及孕婦；教育進修機會。第四章爲保護措施：禁止兒童及少年之一般與特定行爲；禁止孕婦之行爲；不得使兒童獨處於易發生危險或傷害之環境；罹患性病等得協助就醫；緊急保護、安置之處理；安置期間之權利義務行使；家庭發生變故之安置或輔助；家庭處遇計畫；不得揭露足以識別姓名身分之資訊；停止親權或監護權、終止收養關係；兒童及少年之財產管理。第五章爲福利機構事宜。第六章爲罰則。第七章爲附則。

第四節　兒童議題舉隅

(一)兒童色情

兒童色情（child pornography）是指以兒童為對象的色情活動之記錄。世界上普遍以《加拿大刑法》第163.1條第一節定義為依歸：「兒童色情」是指「任何照片、錄像、電影或其他視覺表達方式，不論是以電子、機械或其他方式製作，(1)若有任何年齡未滿18歲、或貌似未滿18歲的人，參與或被認為參與公然的性行為，或(2)以促進性欲為目的，含有對未滿18歲的人作性器官或肛門部位的接觸；或任何文字或視像表達方式，鼓吹或贊同與未滿18歲的人進行性行為，都觸犯本條例。而製作、保有和傳播兒童色情物品，都屬於犯法，可判處監禁刑罰。」

此外，2007年九月「勵馨基金會」指出，估計全球約有2700萬人口遭到販運，其中百分之八十為女性與兒童，半數以上來自於亞洲國家。

㈡台灣：兒童的人間地獄？

兒童福利聯盟2006年台灣兒童人權調查報告，指出兒童面臨三大危機：生存、健康、安全。「生存權」指標分數嚴重不及格，只有四十九分。內政部兒童局統計，自2004年起，受虐兒童人數每年以一成比率增加；2006年平均每八天，就有一個孩子死於大人施虐和攜子自殺。近兩成孩子表示「家裡大人常常打我、罵我」，許多兒童瀕臨受虐威脅。「健康權」方面，四成六孩子常常心情鬱卒，學童自殺人數屢創新高，七成孩子擔心罹患傳染病。「安全權」方面，七成孩子擔心被綁架，每兩個孩子就有一人擔心墜樓。平均每一點四天，就有一個孩子因意外事故而身亡。

對於這三大危機，兒盟提出「幸福、快樂、安全」對策。希望每個家庭都能做到：每天至少陪伴孩子三十分鐘、擁抱孩子三秒鐘、讚美孩子三次、聽孩子說話三分鐘；遭遇危險時，至少要有

三個可以信任的人求救；萬一孩子受傷，可以在三分鐘內找到大人協助。

兒盟「2007台灣兒童貧富差距調查報告」指出：台灣富孩子與窮孩子貧富差距，在基本人權、生存權、教育權、文化休閒等面向，至少達十九倍。富孩子每年至少可出國二次，窮孩子則要打包營養午餐回家，還得用搶的。

附記：老人權利

台灣65歲以上老人人口，1993年9月已佔總人口7%，台灣正式邁入「世界衛生組織」界定的「高齡化社會」。如今台灣老人人口已超過230萬人，預估2025年將佔總人口20.5%。2007年內政部完成老人福利法修正、制定國民年金、提出長期照顧十年計畫，準備投入八百多億經費。

聯合國尚未制定有關老人權利的公約，但是曾做很多努力：㈠1982年維也納首屆「世界老人會議」（First World Assembly on Ageing at Vienna），通

過「維也納國際老人行動計畫」（Vienna International Plan of Action on Ageing）；㈡1990年10月1日開始「國際老人日」（International Day of Older Persons）；㈢1999年聯大通過「聯合國老人五原則」（UN Principles for Older Persons）（獨立、參與、照料、自我實現、尊嚴）以及「計畫與原則之衍生」（Derivatives of the Plan and Principles）；㈣1999年聯大通過「老人宣言」（Proclamation on Ageing），提出「國際老人年概念架構」（Conceptual Framework for the International Year of Older Persons, 1999），包含老人處境、個人生涯發展、世代之間關係、人口老化與發展之相互關係；㈤2002年馬德里第二屆「世界老人會議」（Second World Assembly on Ageing at Madrid）。（參見聯合國AGEING網站http://www.un.org/issues/m-age.html）

第十二講
外籍勞工權利

考慮到移徙勞工與其家眷往往由於離開原籍國，而且在就業國可能遭遇到困難而面臨的脆弱處境；深信移徙勞工與其家眷的權利尚未在世界各地獲得充分確認，因此需要國際上適當的保護。

——《保護所有移徙勞工權利國際公約》序言

外籍勞工是全球化下的顯著現象。在全球逾65億人口中，外籍勞工將近2億，牽涉到許多人權議題。1999年12月18日聯合國通過保護外籍勞工（或稱移徙勞工migrant workers）的公約，此日也定為「國際勞工日」，2003年生效，稱為《保護所有移徙勞工與其家眷權利國際公約》（International Convention on the Protection of the Rights of All Migrant

Workers and Members of Their Families），中國稱為《保護所有移徙工人及其家庭成員權利國際公約》。

台灣自從1989年起開始引入外勞，迄今已逾卅四萬五千人。然而處理外勞問題缺乏經驗，加上相關國際資訊不足，以致2006年美國曾把「虐待外籍勞工」當作台灣人權四大缺失之一。其實，台灣若能好好借鏡先進國家的經驗，再加上本身的努力，必能逐漸改善這方面的不足。

第一節　全球移民現象

2006年6月初，聯合國秘書長安南在「世界人口移動趨勢報告」中指出，世界各地離開故國尋找工作機會的人數，1990年約有1.5億人，2005年10月增到1.91億，將近兩億，約佔全球人口3%。其中的四分之三生活在廿八個國家，而五分之一集中在美國。國際移民對於遷入國和遷出國的經濟和社會發展都有相當的影響：

㈠對於先進國家的影響：這些國家人口出生率

降低，人口老化。來自開發中國家的年輕勞力，正好填補勞力市場空缺；新移民也成為這些國家人口增長的主要來源。從1990到1995年，先進國家的人口增長，約有一半來自新移民；從2000到2005年，竟然高達四分之三的人口成長來自新移民。預計2010年以後，先進國家的所有人口增長，都會來自新移民。

（二）對於開發中國家的影響：估計僅2005年一年，這些開發中國家移民就匯給親人2320億美元，而1995年還只有1020億美元。開發中國家人才流失則是其負作用。報告指出，圭亞那、海地和牙買加的受到過高等教育的人口，約有60%徙居國外。此外，並非所有移民都在先進國家和開發中國家之間發生，約有三分之一是從開發中國家，移居到其他開發中國家。

第二節　移徙勞工權利國際公約

《保護所有移徙勞工與其家眷權利國際公約》

定義移徙勞工：「在其不是國民的國家，將要、正在或已經從事有報酬的活動的人。」[1]（第二條第一款）移徙勞工分為八大類：邊境工人、季節性工人、海員、近海裝置上的工人、行旅工人、專案工人、特定聘用工人、自營職業工人。公約要點如下：

㈠全世界將近兩億移徙者，包括移徙勞工、難民、尋求庇護者等，在不是其本人出生地或沒有公民身分的國家生活和工作，其中許多人是移徙勞工。貧窮是移徙主因，其他原因包括戰爭、國內動亂、不安全、或是由於種族、族裔、膚色、宗教、語言或政治見解而遭到歧視與迫害。

㈡人們有權在離國以前，被告知適用於其入境的條件、在就業國必須符合的要求、當這些條件改變時他們必須聯繫的機關。

㈢在工作報酬和其他工作和就業條件方面，享

---

[1] The term "migrant worker" refers to a person who is to be engaged, is engaged or has been engaged in a remunerated activity in a State of which he or she is not a national.

有不低於就業國國民的待遇。享有行動、結社和組織工會的自由，參與公共事務的權利。尊重移徙勞工與其家眷的文化特性，不阻止他們與原籍國保持文化聯繫。

㈣在社會保障方面，享有與就業國國民同樣待遇。有權得到維持其生命或緊迫需要的醫療。子女應比照就業國國民同等待遇接受教育。移徙勞工有權與其配偶團聚。在教育、職業培訓、保健、住房和文化權利方面，享有與就業國國民同等待遇。

㈤禁止締約國採取集體驅逐措施；在作出驅逐決定之前，應該採取某些程序步驟。在自願情況下，有權返回本國。禁止非法或秘密招聘、偷渡不正常或無證件的移徙勞工。

此外，移徙勞工委員會或「保護所有移徙勞工與其家眷權利委員會」（Committee on the Protection of the Rights of All Migrant Workers and Members of Their Families）監督締約國執行公約情況，每年在日內瓦開會一次。締約國必須在公約生效一年後，其

後每隔五年，向委員會提出報告。締約國公民如有相關權利受損，且已試過所有可能補救方法而無效，可以具名向委員會申訴。

第三節　台灣與外籍勞工

1989年政府鑑於重大公共工程工人短缺，專案引進外勞。1992年就業服務法通過，放寬六行業十五種職業可以引進外勞。外勞政策從少量「專案引進」，變成大量「政策引進」。

根據行政院勞工委員會職業訓練局統計資料庫，截至2007年3月底，台灣雇用外籍勞工總數為34萬5812人，包括印尼9萬4471人、泰國9萬2557人、菲律賓8萬8896人、越南6萬9844人、蒙古33人、馬來西亞11人。

㈠聘用外勞制度改革

從2008年起，聘僱外勞的家庭或是業者，如果想要與原有外勞續約，不必再經由仲介商，可

直接到各地新設的「直聘中心」辦理手續，省下一大筆費用。外勞只需回國一天（原本為兩星期以上），到我國駐外代表處取得工作簽證，就可以返台繼續工作。外勞若要更換雇主，只要經勞工、原雇主及新雇主三方面同意，就可以直接換跑道。此外，外勞「總額管制」也將改為「動態管理」。「三K三班」產業方面（三K源自日文的辛苦、骯髒、危險；三班指廿四小時輪班），A級產業（橡膠製造、印染整理等）外勞核配比例從15%提高為20%；B級產業（塑膠製造、玻璃、塗料等）從15%提高到18%。估計因此將增加一萬多名的外勞。

　　外勞政策必須通盤檢討，不宜只抱「管理心態」。2007年勞委會開出抓拿一萬名「逃逸外勞」目標，要求移民署與警政署年底前兌現，配額分別是三千名與七千名。外勞來台灣，難道是為了與警察抓迷藏？台灣國際勞工協會總幹事吳靜如嘆道：在現代社會，台灣竟把勞工「換老闆」視為「逃跑」，這是過去奴隸制度才有的說法。政府運用大量警力查察，許多外籍勞工因此中槍或

跳樓死亡。

㈡高捷外勞事件（2005）

2005年8月21日晚上，高雄捷運公司岡山北機廠宿舍前，約有三百名泰國勞工抗爭，燒工寮與車輛、傷害管理員、攻擊消防員等。係因華磐公司平素粗暴對待泰國勞工導致。次日，泰國駐台副代表、高雄縣市勞工局局長、高捷公司特助等進入泰勞宿舍溝通。外勞針對零用金發放代幣卡、晚上十點下班沒有水電、限制使用行動電話、供應飯菜不新鮮、扣款未列明細表、宿舍太擁擠、休閒生活未提供泰國節目、管理人員態度強勢等生活管理問題，提出16項訴求；高雄捷運公司提出13項改善方案，獲得善意回應，事件因此逐漸平息。（行政院勞委會，「高雄捷運泰勞人權查察專案小組調查報告」）

㈢台灣人口販運問題

2007年七月初，美國國務院「人口販運問題資

深協調官」馬克・泰勒（Mark Taylor）表示，台灣
在推動反人口販運改革上，無法受惠於國際專業
組織的資源，美國政府承諾提供這類技術援助。
台灣面臨人口販運問題，部分是因爲建立自由繁
榮社會有成。台灣曾是人口販運的源頭，如今多
半是目的地。人口販運者詐騙亞洲較不繁榮社會
的婦女來台灣做看護工，卻淪入性奴役及強迫勞
動的情況；在台灣擔任合約工人，有些卻遭到強
迫勞動。

　　泰勒肯定台灣當局組成跨部會委員會，制訂
和頒布廣泛的行動計劃，美國國務院《2007年度
人口販運問題報告》已把台灣自第二列觀察名單
除名。最易受剝削的是外籍女性看護工，估計約
有十七萬人。她們不適用台灣的勞工法，常在私
人住宅工作，若發生虐待，勞工檢查官員或非
政府組織很難發現。（「美國官員談台灣人口販運問
題」，自立晚報電子報2007/07/05）

第十三講
身心障礙者權利

　　深信家庭是自然和基本的社會組合單位，有權獲得社會和國家保護，身心障礙者與其家眷應該獲得必要的保護和援助，使家庭能夠為身心障礙者充分和平等地享有其權利作出貢獻。

——《身心障礙者權利公約》序言廿四

　　在肢體健全者心中，身心障礙者權利可能事不關己。然而天有不測風雲，誰知道哪天自己不會有旦夕禍福？身障者往往遭到主流社會排斥，自我隔離與孤立。身障者的壽命、受教育程度、就業率經常低於其他人。有些發展中國家，九成身障兒童沒上學。

　　全世界身障者約有六億五千萬，約佔全球人

口十分之一。失去這些具有巨大潛力的人群之貢
獻，社會也會蒙受損失。台灣身障人口有多少？
2007年6月底，內政部統計超過99萬人，其中65
萬人年齡在15-65歲之間；在這些將近百萬的身
障人士之中，就業人口不到二十萬人，其他八十
萬人仰賴家人照顧。目前世界上立法保障身障者
的國家，還不到五十個。

第一節　「身心障礙者」定義

2006年聯大通過《身心障礙者權利公約》
（Convention on the Rights of Persons with Disabilities），
次年開放各國簽署與批准。誰是身心障礙者？公
約第一條第二款定義身心障礙者：「包括肢體或
精神、智力、感官長期損傷者。這些損傷與各種
障礙相互作用，可能妨礙他們與別人在平等基礎
上，充分與有效參與社會。」[1]中國稱呼此公約為

---

[1] Persons with disabilities include those who have long-term
physical, mental, intellectual or sensory impairments which

《殘疾人權利公約》。

　　台灣原本稱呼身心障礙者爲「殘廢者、殘障者」。2007年「身心障礙者權益保障法」參採世界衛生組織「國際健康功能與身心障礙分類系統」，第五條認定身障者爲「……身體系統構造或功能，有損傷或不全導致顯著偏離或喪失，影響其活動與參與社會生活，經醫事、社會工作、特殊教育與職業輔導評量等相關專業人員組成之專業團隊鑑定及評估，領有身心障礙證明者」，分爲以下八類：

一、神經系統構造及精神、心智功能。

二、眼、耳及相關構造與感官功能及疼痛。

三、涉及聲音與言語構造及其功能。

四、循環、造血、免疫與呼吸系統構造及其功能。

五、消化、新陳代謝與內分泌系統相關構造及其功能。

---

in interaction with various barriers may hinder their full and effective participation in society on an equal basis with others.

六、泌尿與生殖系統相關構造及其功能。

七、神經、肌肉、骨骼之移動相關構造及其功能。

八、皮膚與相關構造及其功能。

第二節　聯合國早期努力

身障者問題，常被當作社會福利問題來處理。後來身障者挺身而起，成為權利和法律主體，充分參與涉及自身利益的決策和執行。聯合國關切身障者（殘疾人）權利，始於關切身障兒童，台灣亦然。1959年《兒童權利公約》第二條提及身障兒童：「簽約國不得因兒童本人……身障……而有所歧視。」聯合國強調從人權角度對待身障者：1971年《智障者權利宣言》、1975年《身障者權利宣言》、1981年國際身障者年《關於身障者世界議程》、1982年「關心身障者世界行動綱要」、推動身障者十年（1983-1992）、1992年宣佈12月3日為身障者國際日、1993年《身障

者平等權利準則》皆然。2000年，國際非政府組織在北京召開「身障者高峰會」。聯合國推動亞太身障者十年（1993-2002）等。

2001年聯合國大會上，墨西哥倡議擬訂《保護和促進身障者權利和尊嚴的全面綜合國際公約》。接著，紐西蘭駐聯合國前大使唐·麥凱（Don MacKay），受命主持起草《身障者權利公約》五年。他遭到許多抵制，反對者認為這些權利已經存在，不需要特別立法保護。討論是由身障者機構發起的，廣獲各國政府與社會積極回應，也曾有八百多個非政府組織參與。

第三節　身心障礙者權利公約

2006年聯大通過《身障者權利公約》（Convention on the Rights of Persons with Disabilities），2007年開放各國簽署與批准，將在第二十個國家批准後的第三十天生效。公約分為三部分，共有五十條條文。第二部分是「身障者權利委員會」事宜，第

三部分則是加入與退出公約等技術規定。

　　第一部分為一般原則：第三條是尊重身障者尊嚴和個人自主，包括自由作出選擇，以及個人自立；參與和融入社會；尊重差異；機會均等；無障礙；尊重身障兒童逐漸發展的能力。第四條要求締約國確保身障者人權和基本自由，使其不受歧視；實施本公約確認的權利；修訂或廢止現行歧視身障者的法律和做法；應讓身障者積極參與立法和擬訂政策。從第五條開始依序為：平等和不歧視、提高對於身障者的認識、提供無障礙空間、保障生命權、危難情況和人道主義緊急情況、獨立生活和融入社區、獲得資訊、尊重家居和家庭、參與政治和公共生活、參與文化生活、國際合作。

　　主持起草的麥凱指出，公約有三個主題：㈠包容，消除對於身障者的排斥；㈡改變對於身障者的陳舊認識，不把他們看作受保護、而是受尊重對象；㈢增強身障者獲取各種資訊和資源的能力。公約指導各國立法，從建築、城市規劃、交

通、教育、就業和娛樂等所有方面，改變公眾對身障者的成見。

公約要求「逐步實現」大部分條款，配合各國資源狀況發展。有些步驟需要資金，對於資源稀缺的國家，國際機構將會提供協助。公約要求改變一些社會設施，例如電梯和斜坡。新建築設施應該考慮身障者需要，這不會大幅度增加建設成本。世界銀行研究顯示，在開工前就考慮這些功能，花費將會降至最低；建設無障礙環境，增加成本不到1%。麥凱指出，身障者也是很大的人才庫，能在廣泛的領域貢獻才華。身障者的工作表現至少和健全人一樣良好。高留職率和低曠工率，足可抵消工作場所設置無障礙空間的開銷。美國一項調查顯示，約四分之三的身障雇員不要求公司提供特別設施。

此外，公約將在生效後，成立十二名專家組成的身障者權利委員會（Committee on the Rights of Persons with Disabilities），審議各國提交的報告。公

約附有任擇議定書（OP to the Convention on the Rights of Persons with Disabilities），允許締約國個人申訴。

第四節　台灣保護身障者權利

台灣關切身障者權利，始於關切身障兒童。1973年兒童福利法規定，政府應該針對「身心有重大缺陷、不適宜於家庭撫養之兒童」，創辦或獎助籌設低能兒童教養院、精神病兒童保育院等設施。1984年台灣通過特殊教育法。

行政院政務委員林萬億說明我國保護身障者之歷程，指出四個重大意義：

㈠名稱演變

早期我國「殘廢者」福利採取「隔離主義」，帶有濃厚歧視意味，幾乎是以成立收容養護機構為主，教育與職訓為輔。1980年頒布「殘障福利法」，不稱為殘廢者，由消極養護轉變為積極扶助，期待殘障者自力更生。1997年「殘障福利

法」改稱「身心障礙者保護法」，仍視身心障礙者為弱勢，需要保護。2007年修法改稱「身心障礙者權益保障法」，以積極福利取代消極救濟，強調以就業、教育機會提升，增進身障者生活品質，不再偏重金錢補助，彰顯政府全面保障其權益之決心。

從歷次修法可看出，我國身障者福利已從隔離取向，走向照顧與保護取向，再逐漸朝向支持獨立生活取向，視身障者為獨立自主的個體。

㈡定義範圍擴大

過去身心障礙者之界定，以肢體、視覺、聽覺、語言機能或智能障礙為主，後來擴大包括顏面傷殘、器官損傷、特殊疾病（如癲癇、罕見疾病等）。身障者人數因而激增，從原本二、三十萬人，增至將近百萬人，造成福利資源稀釋。2007年修法改變鑑定方式，參採聯合國世界衛生組織「國際健康功能與身心障礙分類系統」，定義身心障礙者為其身體系統構造或功能有損傷或不

全，且因此影響其社會功能者。

㈢綜合需求評估，決定福利取得

以往身障者經由公立醫院及復健機構鑑定後，由政府發給「殘障（身障）手冊」。持有手冊者，皆可享有全套身障福利。提供齊一式福利，反而使得有迫切需求者，無法獲得適足服務。例如只要持有身障手冊，即可享有專用停車位，導致停車位常被非行動不便者佔用。本次修法強調福利之提供，必須依據個別身障者之需求，才能更有效運用社會福利資源。

㈣強化服務內涵

2007年修法加強保障身障者權益，擇要如下：⑴健康權：明定醫院應主動提供服務，協助身障者就醫；⑵就業權：公立機關員工總數達34人以上者，進用身障者比率不得低於3%；私立機構／團體員工總數在67人以上者，不得低於1%，且不得少於一人。預估新增就業機會約

四千八百個；⑶補助項目皆以經濟條件爲考量前提；⑷加強保障身障者人身安全，比照兒童少年保護與家庭暴力事件之處理程序，讓公權力得以積極介入處理；⑸保障居住權：對於身障者於社區之居住安排，遭受居民反對時，地方政府應協助其排除障礙。

追紀：

2007年勞委會職訓局依政府採購法，委託學校、團體及醫院辦理職訓課程，受訓時間從三個月到十一個月不等，總共開辦八十個職訓班，共有880個身障人士報名參加。職業訓練類別包括資訊電腦、視障按摩、餐飲、烘焙、清潔、花藝設計、蔬菜產銷等部分。隨著就業環境的轉換，從明年起，職訓局更打算以職業訓練類別，擴大委外辦理。

第三世代人權（上）：
自然資源永久主權、自決權

　　所有民族都有自決權。他們憑著這種權
利，自由決定其政治地位，自由追求其經濟
與社會、文化發展[1]。

　　　　　　　　　　　——兩部盟約第一條第一款

　　人民與民族應該先享有自決權，然後才能
保證享有一切人權。

　　　　　　——聯大「屬於人民與民族自決權」決議案，1952

---

[1] All peoples have the right of self-determination. By virtue of
that right they freely determine their political status and freely
pursue their economic, social and cultural development.

第三世代人權包括自決權、自然資源主權、發展權、環境權、和平權、原住民集體權利等。每當危及人類「生命權」的新問題興起，人權項目就必須添加新成分。這些人權具有「博愛」與連帶性質，屬於團體與集體權利，補充前兩個世代個人權利之不足。

　　第三世代人權之落實，必須國際社會衷心合作，體認整個地球已是人類的「命運共同體」。然而由於「國家主權原則」，世界各國通常各行其是，罕為人類共同福祉考量與努力，甚至不易制定一部具有約束力的國際人權文獻。儘管如此，吾人還是必須努力為之，何況「人權高於主權」的理念已逐漸深入人心。兼顧三個世代人權的國家，對內落實前兩個世代人權（福利國家），對外負起國際責任，可以稱為「人權國家」。

第一節　自然資源永久主權

　　「自然資源永久主權」通常與「自決權」相提並

論。過去殖民帝國佔領亞洲、非洲、拉丁美洲殖民地，榨取原料（自然資源）是其主要動機之一。如今許多殖民地在政治上獨立了，但是前殖民帝國仍然透過「新帝國主義」機制，繼續壓榨與控制其自然資源[2]。開發中國家為了維護國家主權、發展國家經濟，自然會要求行使這種主權。

在實際運作方面，開發中國家為了維護「自然資源永久主權」，採取種種措施，包括廢除外國資本的租讓地和永久開採權；透過徵用、沒收或補償等方式，把外資企業國有化；加強對於外資企業的監督、限制和管理；努力改變單一經濟狀況；強化原料生產國和出口國組織，要求公平合理制定原料出口價格，實現初級產品價格指數化；改變不平等貿易條件等。而在海洋自然資源方面，有些國家要求擁有對其領海基線外200海里內的自然資源所有權和專屬管轄權；要求劃定

---

[2] 例如2007年9月美國前聯邦準備理事會主席葛林斯潘回憶錄 *The Age of Turbulence* 指出：伊拉克戰爭主要是為了石油。

專屬漁區並行使漁業管轄權等等。這些努力取得不同程度的進展和勝利，但因新帝國主義阻撓破壞，仍然必須繼續長期奮鬥。

聯合國曾就「自然資源永久主權」做出不少努力：

㈠1958年設立自然資源永久主權委員會（Commission on Permanent Sovereignty over Natural Resources），調查自然財富與資源永久主權，作為自決權基本要素。

㈡1962年「自然資源永久主權」決議案：⑴各國人民及各民族行使其對自然財富與資源的永久主權，必須為其國家發展著想，並以人民福利為依歸。……⑺侵犯各國對其自然財富與資源的主權，即違反聯合國憲章的精神與原則，且妨礙國際合作的發展與和平的維持。⑻主權國家或在主權國家間自由締結的外國投資協定，應誠意遵守；各國及國際組織均應依照憲章及本決議所載原則，尊重各國人民及各民族對其自然財富與資源的主權。

㈢1966年兩份國際盟約各自第一條第二款：所有民族得爲自身目的，自由處置其天然財富和資源，而不損害根據基於互利原則的國際經濟合作和國際法而產生的任何義務。每個民族在任何情況下，都不得被剝奪其自己的維生手段[3]。

㈣1974年《關於建立新國際經濟秩序宣言》：每個國家對其自然資源和一切經濟活動擁有充分的永久主權；《行動綱領》：（每個國家有權）採取措施收回、開發、發展、銷售和分配自然資源，特別是開發中國家的自然資源，來爲它們的國家利益服務，促進它們之間的集體自力更生，並加強有益的經濟合作，以便開發中國家加速發展。

㈤1974年《各國經濟權利和義務憲章》，確認自然資源永久主權的原則，肯定每個國家對其全

---

[3] All peoples may, for their own ends, freely dispose of their natural wealth and resources without prejudice to any obligations arising out of international economic co-operation, based upon the principle of mutual benefit, and international law. In no case may a people be deprived of its own means of subsistence.

部財富、自然資源和經濟活動，享有充分的永久主權，包括擁有權、使用權和處置權在內，並得自由行使此項主權。

㈥1986年《發展權宣言》：人類發展權也意味著充分實現民族自決權，包括在兩項關於人權的國際盟約有關規定的限制下，對其所有自然資源和財富行使不可剝奪的完全主權（第一條第二款）。

第二節　自決權

自決權是保障一切人權的前提。1945年聯合國成立時，只有51個會員國，約有七億五千萬人生活在殖民統治下的非自治領土，約佔當時全球人口三分之一。如今會員國激增到192個，只剩不到兩百萬人生活在非自治領土。2002年聯大列出僅存的十六個非自治領土名單[4]。

---

[4] ㈠非洲：西班牙宣布放棄的西撒哈拉；㈡大西洋與加勒比海：英屬安吉拉與百慕達、英屬維京群島、開曼群島、福克蘭群島（馬爾維納斯）、蒙特色拉、聖赫勒那、土克斯

自決權橫跨三個世代人權，又稱爲民族自決權，源於天賦人權說和人民主權說，1776年美國《獨立宣言》和1789年法國《人權與公民權宣言》最具代表性。如今前殖民地在政治上幾乎都已獨立，自決權強調重點轉向國家自主選擇其發展道路和生活模式，不受外界干涉，蔚爲開發中國家反對先進國家干涉的重要理論依據。

㈠聯合國與自決權

⑴根據聯合國憲章，聯合國之宗旨爲：維持國際和平及安全……發展國際間以尊重人民平等權利及自決原則爲根據之友好關係，並採取其他適當辦法，以增強普遍和平（第一條）。

⑵託管理事會（Trusteeship Council）監督七個會員國治理的十一個託管領土（七個在非洲，四個在大洋洲。十個是國聯留下的，第十一個是義大利索馬利

與開克斯群島、美屬維京群島；㈢歐洲：直布羅陀；㈣太平洋與印度洋：美屬關島與美屬薩摩亞、法屬新喀里多尼亞、英屬皮特肯島、紐西蘭托克蘭。

蘭），要求讓這些領土準備自治或者獨立、加入鄰近獨立國家。帛琉是最後一個託管領土，屬於美國太平洋島嶼託管領土，1994年獨立建國。

(3)1950年聯大421號決議案，確認民族自決權是一項基本人權。1952年聯大「屬於人民與民族自決權」決議案指出：人民與民族應該先享有自決權，然後才能保證享有一切人權。

(4)1960年1514號決議案《給予殖民地國家和民族獨立宣言》(Declaration on the Granting of Independence to Colonial Countries and Peoples)，或稱《解除殖民宣言》(Declaration on Decolonization)。同年也通過1541號決議案，提供殖民地三個取得充分自主的選項：獨立、併入其他獨立國家、與其他獨立國家自由結盟(free association with an independent State)[5]。1962年聯大成立「解除殖民特

---

[5] 自由結盟例子：密克羅尼西亞與帛琉、馬紹爾群島，簽訂自由結盟協議(Compact of Free Association)而與美國結盟。尼威(Niue)及庫克群島(Cook Islands)與紐西蘭結為自由結盟。結盟國家稱為「結盟國」(associated state)。謝

別委員會」（Special Committee on Decolonization）。

　　宣言共有七個條文：「一、使民族受到外國征服、統治和剝削的這種情況，是否認基本人權，違反聯合國憲章，並妨礙增進世界的和平與合作。二、所有民族都有自決權；他們憑著這個權利，自由決定其政治地位，自由發展其經濟、社會和文化發展。……六、任何旨在部分或全面分裂一個國家的團結和破壞其領土完整的企圖，都違背聯合國憲章的目的和原則。七、一切國家應在平等、不干涉一切國家的內政、尊重所有國家人民的主權及其領土完整的基礎上，忠實、嚴格遵守聯合國憲章、普世人權宣言和本宣言的規定。」最後的兩條條文反映了聯合國的保守性格。

　　⑸1966年兩部盟約第一條：「一、所有民族都有自決權。他們憑著這種權利，自由決定其政治

聰敏主張台灣與土瓦魯以南島民族的身分來連結，成立自由結盟，以利加入聯合國。由於地球暖化關係，土瓦魯即將陸沉，台灣可以澎湖或其他地點安置土瓦魯人民。這也是很有創意的構想。

地位，自由追求其經濟與社會、文化發展；[第二款規定自然資源主權，詳見本講上節]；三、本公約締約各國，包括那些負責管理非自治領土和託管領土的國家，應在符合聯合國憲章規定的條件下，促進自決權的實現，並尊重這種權利。」

(6)1970年《符合聯合國憲章之各國友好關係與合作之國際法原則宣言》：所有人民有權自由決定他們的政治地位，並追求他們經濟、社會與文化發展，不受外來的干預；而且，各國有責任尊重這種權利，以符合憲章條款。

(7)1986年《發展權宣言》：人類發展權也意味著充分實現民族自決權，包括在兩部有關人權的國際盟約有關規定的限制下，對他們的所有自然資源和財富行使不可剝奪的完全主權（第一條第二款）。

(8)1988年普遍實現民族自決權（Universal realization of the right of peoples to self-determination）決議案，重申普遍實現所有民族的自決權（包括在殖民、外國或外來統治下的民族），乃是確實保障和遵守人權

以及維護和促進這種權利的基本條件；宣佈堅決
反對外國軍事干預、侵略和佔領的行為，因為這
些行為在世界某些地區已導致民族自決權及其他
人權受到壓制。

　⑼1990年根除殖民主義國際十年（International
Decade for the Eradication of Colonialism, 1990-2000），
通過「行動綱要」。聯合國也派團訪問非自治領
土，探討其政治與社會、經濟、教育情勢，動員
輿論支持解除殖民過程，檢討聯合國提供這些領
土的協助。這十年結束後，聯合國繼續推動第二
個十年（2001-2010）。

　⑽1993年維也納宣言：所有民族均擁有自決
的權利。出於這種權利，他們自由決定自己的政
治地位，自由追求自己的經濟、社會和文化發展
（第二條）。

㈡台灣與自決權

　台灣有史四百年來，不曾決定自己的命運。
1895年有人主張以公民投票決定台灣歸屬，但因

滿清是戰敗割地，不合乎國際慣例而作罷。第一次世界大戰期間，台灣人民曾經受到威爾遜總統民族自決精神感召。終戰後，台灣人民逐漸爭取自決權：

⑴1964年「台灣人民自救運動宣言」：彭明敏、謝聰敏、魏廷朝等三人共同發表，爲日後民主運動立下方針（詳見第四講第四節）。

⑵1970年代台灣基督長老教會發表三篇聲明：

㈠國是聲明（1971年12月）：「我們對尼克森總統即將訪問中國大陸的事甚爲警惕。有些國家主張將台灣歸併中共政權，也有國家主張讓台北與北京直接談判。我們認爲這些主張的本意無異於出賣台灣地區的人民。我們反對任何國家罔顧台灣地區一千五百萬人民的人權與意志，只顧私利而作出任何違反人權的決定。人權既是上帝所賜予，人民自有權利決定他們自己的命運。」本聲明的全稱是「台灣基督長老教會對國是的聲明及建議」。

㈡我們的呼籲（1975年11月）：「幾年來，我教

會一直堅持『國是聲明』的原則與信念，一再主張任何世界強權不得宰制我國家之命運。唯有我們自己的人民才有權利決定自己之命運。」

㈢人權宣言：建立新而獨立的國家（1977年8月，詳見第四講第三節）。

⑶1986年9月28日民主進步黨成立，陸續通過數個主權決議文：

㈣四一七決議文：1987年4月17日全國黨員代表大會（全代會）通過：「台灣國際主權獨立，不屬於以北京為首都之中華人民共和國。」當時曾為是否宣布獨立引發爭論，幸虧智多星謝長廷協調，通過「四個如果」決議文：「如果國共片面和談、如果國民黨出賣台灣人民利益、如果中共統一台灣、如果國民黨不實施真正的民主憲政，則民進黨主張台灣獨立。」

㈡台獨黨綱：1991年10月7日全代會通過，提出六項基本主張：建立主權獨立自主的台灣共和國、民主自由的法政秩序、成長均衡的經濟財政、公平開放的福利社會、創新進步的教育文

化、和平獨立的國防外交。在建立台灣共和國方面，指出：「台灣主權獨立，不屬於中華人民共和國，且台灣主權不及於中國大陸，既是歷史事實又是現實狀態，同時也是國際社會之共識。台灣本應就此主權獨立之事實制憲建國，才能保障台灣社會共同體及個別國民之尊嚴、安全，並提供人民追求自由、民主、幸福、正義及自我實現之機會。」[6]

㈡台灣前途決議文：1999年5月全代會迎接次年總統大選，通過「台灣前途決議文」，指出：「台灣已經是主權獨立國家，主權領域僅及於台澎金馬與其附屬島嶼，以及符合國際法規定之領海與鄰接水域。台灣，固然依目前憲法稱為中華民國，但與中華人民共和國互不隸屬，任何有關

---

[6] 1991年8月筆者以 Taiwan International Support Group名義，印製250封信函，託人從日本寄給世界各國。簡述台灣歷史發展，曉以台灣不是中華人民共和國一部分，附上四一七決議文與台獨黨綱摘要。愛爾蘭外交部來電求證，遭到干擾，喊破嗓子才聽得到；警察還上門做筆錄。人權是天賦的？

獨立現狀的更動，都必須經由台灣全體住民以公民投票的方式決定。」[7]

㈠正常國家決議文：2007年8月中執會通過。指出台灣面臨五大威脅：國際關係不正常、憲政體制不正常、國家認同不正常、社會公義不正常、政黨競爭不正常。主張五點：早日完成正名制憲，並在適當時機舉行公民投票；應以「台灣」名義申請加入聯合國等，應以「公元」紀年；積極推動本土文化及母語，並落實教育台灣化於學校課程；經濟發展應以國家安全、社會公義與永續發展爲前提；全面推動轉型正義，革新司法與檢調體制，追討中國國民黨不當黨產，平反並調查白色恐怖時期政治事件眞相。

---

[7] 1998年筆者傳眞給歐盟辦公室，呼籲支持台灣加入世界衛生組織，信頭寫道：Taiwan is a sovereign state *alias* Republic of China（台灣是個主權國家，名叫中華民國），也傳給歐盟研究協會新潮流故張維邦，這就是「台灣前途決議文」的張本。

第三世代人權（下）：
發展權、和平權、環境權

戰爭始於人們心中，保衛和平也必須在人們心中構築[1]。

——聯合國教科文組織憲章，1945

第一節　發展權

1970年聯合國人權委員會委員卡巴・穆巴耶演講《發展權作為一項人權》，廣獲開發中國家支持。1979年聯大確認「發展權」是一項人權，1986年通過《發展權宣言》（Declaration on the Right

---

[1] Since wars begin in the minds of men, it is in the minds of men that defenses of peace must be constructed.

to development）。1993年維也納會議重申「發展權是一項不可剝奪的人權」。《發展權宣言》具有兩大內涵：

㈠發展機會均等是國家和個人的特有權利（序言）；人是發展的主體（The human person is the central subject of development），人應成為發展權利的積極參與者和受益者（第二條）；所有人權和基本自由都是不可分割和相互依存的；對於實施、增進和保護公民、政治、經濟、社會和文化權利，應予以同等重視和緊急考慮（第六條），亦即第一與第二世代人權應該平等並重。

㈡反映開發中國家對於先進國家建立的國際秩序之不滿，主張「國際間應該互相協助，建立新國際經濟秩序，促進各國發展機會平等」（序言）；要求「各國應互相合作，確保發展和消除發展障礙。國際社會應促進有效的國際合作，實現發展權利，消除發展障礙」。各國在實現權利和履行義務時，應該著眼於促進基於主權平等、相互依賴、各國互利與合作的新國際經濟秩序，

並激勵遵守和實現人權（第三條）。

第二節　和平權

聯合國成立的宗旨，即在追求世界和平。憲章序言明揭：「我聯合國人民同茲決心，欲免後世再遭今代人類兩度身歷慘不堪言之戰禍。」第一條說明聯合國之宗旨為：「維持國際和平及安全……發展國際間以尊重人民平等權利及自決原則為根據之友好關係，並採取其他適當辦法，以增強普遍和平……」

1957年聯合國秘書長哈瑪紹（Dag Hammarskjöld）說：「和平問題與人權問題密切相關。不承認人權，永遠不會有和平；唯有在和平架構裡，人權才能充分發展。」如今世界各國普設軍校，教導青年如何戰爭；如果戰爭可以教育，和平又何嘗不可？只要改變心態即可。

㈠聯合國弘揚「和平權」

1997年聯合國和平文化（Culture of Peace）決議案，闡釋：「和平文化是一套價值觀與態度、行為模式、生活方式，反對暴力，並且透過個人與團體、國家之間的對話與談判化除衝突根結，防範衝突發生。」

聯合國通過許多有關和平權的文獻：1975年〈利用科學和技術進展以促進和平並造福人類宣言〉（聯合國教科文組織）；1978年〈為和平生活社會而準備宣言〉；1981年設定每年9月21日為「國際和平日」（International Day of Peace）；1982年〈婦女參加促進國際和平與合作宣言〉；1984年〈人民享有和平權利宣言〉；1999年和平文化（和平文化宣言與和平文化行動綱要）；2000年為國際和平文化年；2001-2010年「為全世界兒童締造和平與非暴力文化國際十年」（International Decade for a Culture of Peace and Non-Violence for the Children of the World）。

㈡聯合國實踐「和平權」

⑴裁軍會議：聯合國憲章規定，裁軍與維持和平是聯合國重要工作。但是憲章簽署後僅幾個星期，核武就開發出來，改變舊有裁軍與軍控概念。1946年元月聯大首次會議第一個決議，就是有關原子能和平用途。裁軍會議是多邊談判軍控與裁軍協議的唯一論壇，擁有66個成員國，包括五個主要核大國。裁軍會議不是聯合國的正式機構，但聯合國秘書長仍然派出私人代表，擔任裁軍會議秘書長。聯大通過的決議，往往要求裁軍會議討論特定裁軍議題，而裁軍會議每年也向聯大彙報工作情況。

⑵維和任務與部隊：憲章第七章「對於和平之威脅、和平之破壞及侵略行為之應付辦法」規定，各國應該聯合起來，阻止並懲罰侵略者。冷戰結束後，聯合國開始在國際和平扮演積極角色。1991年多國部隊聯手，把伊拉克佔領軍逐出科威特。但也有失敗例子，例如1994年盧安達與1999年科索沃屠殺；2003年美國攻打伊拉克，安理會只能事後追認；2006年以色列軍隊進攻黎巴

嫩南部，維和部隊未能阻止；印度、巴基斯坦、北韓進行核武試爆，安理會只能決議反對。

聯合國維和行動自1948以來，直到2007年6月底，共計61件。正在進行的有15件，參加維和行動的總人數為10萬1162人。2007年6月底，聯大通過改革案：改組維持和平行動部（Department of Peacekeeping Operations, DPKO），新設外勤支援部（Logistics Support Division）。七月底安理會決議，向蘇丹達富爾派出「聯合國／非洲聯盟達富爾混合維和部隊」，包括兩萬名軍人與六千多名警察，這是史上最大規模的維和行動（詳見第十七講）。

⑶中央緊急應對基金：2006年3月聯合國正式啟動「中央緊急應對基金」，期在自然災害發生後，能讓人道救援工作進行得更多更快。基金初步籌資定為五億美元，遠高於現有五千萬美元的人道救援儲備金。

⑷建設和平委員會與基金：2006年安理會成立建設和平委員會（Peace-building Commission）與建設和平基金（Peace-building Fund），秘書長安南指

出：「許多戰亂地區即使簽署和平協定，和平也往往維持不過五年。戰後地區的維和與重建受到諸多因素制約，其中缺乏資金和國際協調是兩個重要的原因。」委員會決定投入蒲隆地三千五百萬美元，協助獅子山解決青年就業、加強民主司法及安全改革問題。安理會另有「和平支援辦公室」（Peace-building Support Office）

㈢甘地與國際非暴力日

2007年聯大把甘地生日（十月二日）定為「國際非暴力日」。在英國統治印度末期，甘地推動了三次盛大的非暴力運動：⑴1920年不合作運動（Non-Cooperation movement）：用土法織布、拒買英貨、不守英國制度、存錢土銀、不納英稅等方式來抵制當局；⑵1930年食鹽長征（Salt March）：率領群眾，前往海岸煮鹽，挑戰英國徵收鹽稅；⑶1942年要求英國離開印度（Quit India），號召印度人行動或是死亡。

甘地自稱其運動是Satyagraha，字義為「抓住

真理」或「以真理說服」（satya意為真理，agraha意為
抓住或說服），通常譯為非暴力、公民不順從。
Satyagraha要求三點：真理（衍伸為坦誠、誠實、公
正）；不傷害別人、不殺生（Ahimsa）；願意自我
犧牲（Tapasya）。

　甘地靈感來自兩方面：印度教經典《薄伽梵
歌》（Bhagavad Gita），他與俄國文豪托爾斯泰通信
而獲得啟發；美國作家梭羅（Henry Thoreau）論文
〈公民不服從〉（'On the Civil Disobedience'）與小說
《湖邊散記》（*Walden*）。日本時代，「台灣議會
設置請願運動」與「台灣文化協會」等活動，也都
受到甘地非暴力思想的啟迪。林義雄與緬甸翁山蘇
姬都是非暴力運動的代表人物。

㈣翁山蘇姬與緬甸民主

　1962年緬甸尼溫將軍奪權，開啟軍政府統治
迄今。1988年8月全國群眾起義（8888暴動）。
1990年底國會首度選舉，翁山蘇姬領導的全國民
主聯盟（NLD）獲得82%席次，軍方詭稱這是全國

制憲會議選舉，不交出政權。1997年丹瑞將軍成立「國家法律與秩序重建委員會」(SLORC)，2003年提出「七階段民主化路線圖」，無人相信。2007年8月仰光爆發盛大的抗議遊行，眾多僧侶參加，俗稱「番紅花革命」。

翁山蘇姬(Aung San Suu Kyi)是緬甸國父之女，三度遭到緬甸軍政府軟禁：第一次長達六年多(1989年7月-1995年7月)，第二次為期十九個月(2000年8月-2002年5月)。第三次從2003年5月底迄今。1991年獲得諾貝爾和平獎。

緬甸目前有兩個流亡政府：一個是設在泰國曼谷的緬甸聯邦全國議會(National Council of the Union of Burma, NCUB)，另一個則是設在華府的緬甸聯邦全國聯合政府(National Coalition Government of the UB, NCGUB)。筆者於2003年設置「翁山蘇姬之友會」網站，在地下電台介紹緬甸政情，訪問曼谷流亡政府。

第三節　環境權

㈠環境權之提出

1960年西德一位醫生認為，往北海傾倒「放射性廢物」，違反《歐洲人權條約》關於保障衛生環境規定，乃向「歐洲人權委員會」提出控告。1969年美國密歇根州立大學一位教授以「公共信託理論」，提出公民享有環境權的理論。1969年美國《美國國家環境法》與日本《東京都防止公害條例》規定「環境權」。1970年，十三國「國際社會科學評議會」在東京舉行「公害問題國際座談會」，發表《東京宣言》：我們請求「把每個人享有其健康和福利等要素不受侵害的環境權，作為當代人傳給後代的遺產，應是一種富有自然美的自然資源的權利，作為一種基本人權，在法律體系中確定下來」。1973年歐洲人權會議通過《人類自然資源人權草案》。

㈡環境權之意涵

環境權乃是「人類與社會和大自然的契約」，

有些國家寫入憲法，視為基本人權。環境權包括四大內容：(1)優良環境享有權，即公民有要求享受優良（健康、安全和舒適）環境的權利；(2)惡化環境拒絕權，即公民有拒絕惡化環境（空氣污染、噪音、自然景觀受損等）的權利；(3)環境知情權，即公民有知曉環境資源生態狀況的權利；(4)環境參與權，即公民有參與環境保護的權利。

「環境」主要是指人類生活的自然環境。1989年中國《環境保護法》第二條詮釋環境：「是指影響人類生存和發展的各種天然的和經過人工改造的自然因素的總體，包括大氣、水、海洋、土地、礦藏、森林、草原、野生生物、自然遺跡、人文遺跡、自然保護區、風景名勝區、城市和鄉村等。」大自然環境如果遭到破壞，可能很難復原，甚至萬劫不復，因此環境保護必須著眼於前後世代的永續發展。

環境破壞常會造成環境難民。聯合國難民署估計，截至2002年，全球共有2400萬人因為洪水、乾旱、地震、颶風或其他惡劣環境條件而逃

離家園。聯合國大學波加第(Janos Bogardi)教授指出，全球氣候變化會使環境難民人數急劇上升，估計2010年將會增加至5000萬人。

(三)聯合國之努力

1972年6月5日世界環境日，聯合國在斯德哥爾摩舉行人類環境會議，通過《人類環境宣言》或斯德哥爾摩宣言。1973年成立環境規劃署(Environment Programme)，總部設在肯亞首都內羅畢，每年發表報告書。1978年聯合國通過《關於共有自然資源的環境行為之原則》，1982年通過《世界自然憲章》。

1992年聯合國在里約召開「環境與發展會議」(United Nations Conference on Environment and Development)，俗稱地球高峰會(Earth Summit)，通過《生物多樣性公約》(Convention on Biological Diversity)與《氣候變遷架構公約》(Framework Convention on Climate Change)等。

(1)生物多樣性

《生物多樣性公約》乃是永續發展的關鍵文獻，推動三大目標：保存生物多樣性，永續利用其組成成分，公平分享遺傳基因資源產生的利益。生物多樣性意指活有機體紛雜並陳，其來源包括陸地和海洋、其他水生生態系統。生物多樣性包括三個層次：物種內部多樣性（遺傳基因多樣性）、物種多樣性、生態系統多樣性。

　人類生存有賴於生物多樣性。人類所有糧食、大部分藥物、工業原料、生態觀光與休憩，皆由各類生物物種提供。但是三十年內現有物種可能消失五分之一，這應該歸罪於人類活動，特別是毀滅動植物的棲地（habitats）。聯合國也推動「永續發展十年教育計畫2005-2014」。2002年在南非約翰尼斯堡舉行「永續發展世界高峰會」，俗稱「2002地球高峰會」或「里約加十」。

　⑵京都議定書（1997）

　《氣候變遷架構公約》旨在降低溫室氣體排放量，1994年生效，此後每年召開締約國會議。1997年第三屆締約國會議，制訂京都議定書

（Kyoto Protocol），1997年通過，2005年生效。要求工業國家在2008到2012年間，各自降低溫室氣體總排放量，降到比1990年總排放量更低某個百分比的水準。例如歐洲聯盟與瑞士、大多數中歐與東歐國家降低8%，美國降低7%，加拿大與匈牙利、日本、波蘭降低6%，俄羅斯與紐西蘭、烏克蘭可以維持不變；然而排放量最大的美國和澳大利亞卻反對。2007年中，中國排放量已經超過美國。

　　工業國家協助開發中國家減量，可以視為其本國減量成效。例如在第三世界國家種樹一公頃（估計可減少二氧化碳37公噸排放量），協助第三世界汰換落伍的發電設備，其減少的二氧化碳數量，都可以視為其配額。京都議定書將在2012年到期。2007年G8高峰會各國領袖同意，12月在印尼召開氣候變遷會議，討論如何達成二氧化碳減量，並制定後京都協議。

　　地球暖化是人類排放廢氣太多造成的？異議人士認為，太陽黑子活動不正常及其輻射增強才

是地球暖化的真正原因。他們不反對減少二氧化碳排放，但這是為了防制污染，而非阻止地球暖化。加拿大氣候學家Timothy Ball指出，氣候變遷是太陽溫度變化造成的，三十年前大家還曾討論「全球冷化」問題。聖彼得堡Pulkovo天文台的太空研究實驗室負責人Habibullo Abdussamatov指出，火星也有暖化問題，但是沒有火星人排放廢氣、製造溫室效應。太陽輻射增強，造成海洋溫度升高，釋放大量二氧化碳至大氣層，才是全球暖化的主因。美國太空總署（NASA）也證實火星有暖化現象。

㈣諾貝爾和平獎與環境權

2007年諾貝爾和平獎頒給美國前副總統艾伯特·高爾（Albert Gore Jr.）與「政府間氣候變化專門委員會」（Intergovernmental Panel on Climate Change）。該委員會是1988年聯合國世界氣象組織與聯合國環境署共同成立的，專門研究人類活動造成氣候變遷的現象；高爾長期推動廢氣減量，1997年出

版《瀕臨失衡的地球》，2006年推出紀錄片《不願面對的真相》（An Inconvenient Truth）和同名書籍。近幾年，諾貝爾和平獎表彰保護環境與消滅貧窮的傑出人物，例如2004年肯亞的種樹達人馬塔伊（Wangari Maathai）和2006年孟加拉窮人銀行的創立者尤努斯（Muhammad Yunus）教授。

第四節　台灣與環境權

㈠幸福經濟，綠色與金色GDPs

謝長廷主張幸福經濟，強調綠色環保與文化創意產業等，跳脫盲目追求國民所得帳（GDP）舊思維。他說：「幸福經濟含括綠色經濟、創意經濟、知識經濟、觀光經濟、福利經濟。」黃嘉怡指出，早期台灣盲目追求國民所得帳，等於以台灣廉價生產要素補貼外國消費者。所謂「台灣經濟奇蹟」其實付出高昂的環境成本（水污染、空氣污染、土地使用紊亂等）。〔筆者建議以「黑色國民所得帳」（Black GDP）來稱呼這種高污染的國民所得帳。〕

然而先進國家早已改採「綠色國民所得帳」（Green GDP），把環境保育及永續發展理念融入經濟發展政策，也就是從傳統GDP中扣除自然資源損耗、環境品質惡化及生態破壞的損失等，作為衡量永續成長的總體指標。

近年來，先進經濟發展思潮，更從「綠色國民所得帳」，邁入「金色國民所得帳」（Golden GDP）。何謂「金色國民所得帳」？根據聯合國教科文組織《兩千年世界文化報告》（World Culture Report 2000）的詮釋，「金色國民所得帳」係衡量文化活動及人文價值對於國民福利的效益，強調制度與文化的永續發展，而不再侷限於當期、實體建設、貨幣化的表現，以彰顯人文價值對於經濟發展的重要性。（黃嘉怡，「與謝長廷談Golden GDP」，自由時報2007/08/12）

㈡環境權入憲

2002年立法院通過「環境基本法」。「環境權入憲聯盟」聲明：環境權概念比憲法中的生存權

更周延。憲法增修條文第九條「經濟及科學技術發展應與環境及生態保護兼籌並顧」只是政策宣示，並非權利保障。聯盟主張以台灣生態圈為範圍，制定新憲法；環境權列為基本人權；經濟及科技發展，應以提昇社會福祉及維護資源永續利用為目的；環境及資源之利用，國民有權參與決定及監督，必要時應以公民投票決定之；制定非核憲法條款。

反對環境權入憲者認為，如果每項人權都要入憲，憲法將會變得肥腫無比。德國是「環境權入憲」範例。1994年德國修憲，通過「基本法」第二十條a關於環境保護的「國家目標規定」（Staatszielbestimmung）：「國家在合憲秩序範圍內，經由立法並依據法律與法規，由行政與司法，保護自然的生命基礎，同時向未來世代負責。」

㈢健康環境才是產業發展基礎（徐光蓉）

2007年5月，台灣環境保護聯盟會長徐光蓉教授表示，沒有健康環境，台灣產業就沒有發展基

礎。歐洲聯盟環保標準逐漸向上修正，藉以排除有毒物質毒害環境，並且藉著人民與環境健康爲理由，光明正大建立貿易障礙，保護國內產業。日本也是以超高標準來審查台灣外銷水果，確保當地市場。正因爲台灣產品已逐漸被印度、中國趕上，除了品質外，是否夠環保也可以有效進行區隔。徐教授質疑，爲什麼不向環保先進國家學習，反而要維持二、三十年前的舊思維？要求訂定嚴格一點的環保標準是陳義過高嗎？

㈣台灣與氣候變遷

2007年，台灣二氧化碳排放量已占全球1%，高居世界第廿二位；每人平均排放量高達12噸，是世界平均值三倍。台灣目前總排放量，已經超過1990 年兩倍。2007年立法院初審通過「溫室氣體減量法草案」，明訂「溫室氣體排放減量應在2025至2030年間，回歸到2005基準年排放量爲努力目標」。

廿世紀一百年間，全球暖化上升攝氏0.6度，

台灣上升達1.2度，為全球平均值二倍。這導致台灣日夜溫差變小、全年日照時數縮短、降雨日數減少。這與都市開發過度密集造成「熱島效應」，對全球暖化產生加乘作用有關。南部雨季變短，乾季拉長；日月潭過去四十年來，濃霧日數從逾二百天，減少到一百天。

2007年5月，立法院有三項相關法案待審：再生能源發展條例草案、能源稅條例草案、溫室氣體減量法。後者如能搶在台塑大煉鋼廠和國光石化園區興建前通過，仍有牽制作用。估算台灣每年二氧化碳排放量兩億七千萬公噸；一旦兩者完成興建，每年將會增加二氧化碳10%左右（2700萬公噸）。

原住民權利

> 原住民族集體和個人有權維護和發展其特
> 性和特徵，包括有權自認為原住民，並被承
> 認為原住民。
>
> ——《原住民族權利宣言》第八條

聯合國估計，在全世界大約七十個國家中，住有超過三億名原住民（或說三億七千萬人），分為五千多個族群團體。在大多數國家裡，原住民族不居於支配地位。他們是「沒有國家的國族」（nations without states），在政府裡通常也沒有發言權。

在世界上許多地方，原住民族文化瀕臨滅絕，遭到逐出其家園、禁用其語言、消滅其傳統生活方式之困境。他們是最脆弱與貧窮的社群，

繼續面臨邊緣化，缺乏健康照顧和受教育機會。他們經常被捲入衝突和土地糾紛，人權遭到侵犯，生存受到威脅。本講介紹國際勞工組織與聯合國在維護原住民族權利方面的努力，末尾簡介台灣原住民族。

第一節 「原住民族」定義

1989年兒童權利公約最早提到原住民。聯合國基於彈性與開放考量，未就「原住民」正式提出定義。本節介紹三個最流行的定義，它們都稱呼「原住民族」（indigenous peoples）；有兩個定義認為原住民族身分應該自我認定（self-identification），不該由其他團體代為提出認定標準。

㈠國際勞工組織的定義：1989年國際勞工組織通過「原住與部落民族公約」（Indigenous and Tribal Peoples Convention）（169號公約），其第一條第一款⑵指出：「獨立國家裡的民族被人視為原住的，

乃是基於他們是在殖民以前就住在當地的團體之後裔；自從殖民與新國家成立以來，仍然保存著自己的社會與經濟、文化、政治機制。」第二款指出：「自我認定為原住民或部落，應被視為決定本公約條款適用的群體的根本標準。」為了迴避「民族」享有自決權之議題，第三款特別聲明：「本公約使用『民族』一詞，不應解釋為國際法使用此詞時可能具有的各種權利的含意。」

　㈡戴艾斯的定義：聯合國原住人口工作小組（WGIP, 詳下）首屆首長戴艾斯（Erica Irene Daes）主張：有些民族是「原住的」（indigenous），因為當其他不同的文化與種族團體來臨時，他們就是原本住在當地的團體之後裔；他們孤立於國家的其他人口，幾乎完整保存著祖先傳統；他們置於國家結構下，即使只是形式而已，而與這種國家結構結合的國家與社會、文化特徵是他們所陌生的。

　㈢柯柏的定義：1986年柯柏（José R. Martinez Cobo）向「原住人口工作組」提出柯柏報告書

（Martinez Cobo Report），指出原住民族五大特徵：
⑴原住社群、民族、國族，與在其領土裡發展的
侵入前、殖民前的社會，具有歷史延續性；⑵自
認爲異於目前在其領土裡佔優勢的其他成員；⑶
目前不是社會裡的支配成員；⑷決心保存與發展
其先祖領土與種族認同，並且傳遞給未來世代，
作爲他們身爲民族、根據其自己的文化類型與社
會機制、法律體系而持續存在之基礎；⑸透過自
我認同原住民而隸屬於原住民族，也被這種民族
承認與接受爲其成員。

第二節　國際勞工組織與原住民

國際勞工組織通過兩部涉及原住民的公約：

㈠1957年原住與部落人口公約（Indigenous and
Tribal Populations Convention）（107號公約）：含糊稱
呼部落人民爲人口（populations），不稱呼他們爲
民族（peoples）。採取統合（integration）與父權主義
的態度；這是國際社會首次關心原住民土地權。

公約原本稱爲「保護與統合獨立國家裡的原住與其他部落、半部落人民公約」。

(二)1989年原住與部落民族公約（169號公約）：(1)以「民族」取代「人口」，以原住民族集體權利取代個人權利；(2)要求國家積極保護原住民人權；(3)強調原住民參與政府對他們的決策；(4)尊重原住民習慣法，允許原住民利用自己的習俗處理問題；(5)承認原住民土地權，包含其使用土地內資源之權利；(6)要求政府積極保護原住民工作權，以及推動傳統手工藝術等傳統行業；(7)放棄同化政策，承認原住與部落民族的文化價值與機制，享有在影響其生計的所有決策都有受到諮詢的權利，保護他們的社會與經濟、公民與政治權利。公約原本稱爲「關於獨立國家裡的原住與部落民族公約」（Convention Concerning Indigenous and Tribal Peoples in Independent Countries）。

第三節　聯合國與原住民

㈠原住人口工作小組（1982-）

1982年8月9日聯合國經濟社會理事會授權「防範歧視與保護少數團體次委員會」，成立原住人口工作小組（Working Group on Indigenous Populations, WGIP），戴艾斯（Erica Irene Daes）擔任首屆首長兼特別報告人，1988年開始召開年會（1994年聯大把8月9日定為世界原住人民國際日）。工作小組草擬《原住民族權利宣言》草案，2006年6月人權理事會通過，次年聯大通過。

㈡兩個「國際十年」（1993-）

1993年聯大宣布「世界原住民國際十年」（International Decade of the World's Indigenous People, 1995-2004），主題「原住民：行動夥伴」（Indigenous people: partnership in action）。其後推動第二個十年（2005-2014），主題「為行動與尊嚴而合夥」（Partnership for Action and Dignity）。

㈢原住民議題常設論壇（2000-）

1993年維也納世界人權會議，提到成立常設論壇。2000年人權委員會宣告成立「原住民議題常設論壇」（UN Permanent Forum on Indigenous Issues, PFII），由十六名獨立專家組成，八個由政府提名，另八個由經濟社會理事會就全球八個區域選派，或由原住民團體票選而出。任期三年，可以連任一次。2002年聯大設置常設論壇秘書處，每年五月最後兩星期開會，研討原住民族文化、教育、健康、人權、環境、社會與經濟發展。常設論壇每年開議前，亞洲原住民族聯盟（Asia Indigenous Peoples Pact, AIPP）會先召開會前會議（2007年在柬埔寨、2008年在尼泊爾、2009年計畫在台灣舉行），目前巴宰族潘紀揚（Jason Pan）擔任「台灣與日本、沖繩區域」執行理事。2005年台灣開播原住民電視台，開亞洲地區風氣之先。

㈣《原住民族權利宣言》（2007）

　　2007年9月，經過廿二年激烈辯論，聯大終於通過《原住民族權利宣言》(Declaration on the Rights of Indigenous Peoples)。表決時，4國反對，143國贊成、11國棄權。宣言仍待制定為國際公約，才具有法律約束力。

　　美國、澳洲、加拿大、紐西蘭投票反對。美國認為宣言存在缺陷、矛盾及適用性問題，實施時難以達成國際共同標準。澳洲反對第三條（原住民族擁有自決權。據此權利，他們自由決定他們的政治地位，自由追求他們的經濟、社會和文化發展），認為那會危及民主國家領土和政治完整。加拿大反對第十九條（國家未獲原住民同意，不得對原住民司法或行政問題採取行動），此與加拿大議會體制矛盾。紐西蘭反對第廿八條（原住民有權要求補償被沒收、奪走、占有的領土與資源，補償辦法包括歸還原物或者給予公正、合理和公平賠償）。

　　「原住民權利宣言」涉及原住民集體和個人權利，包括自決、自治、文化與身分、健康、教育、就業、語言、土地、領土和自然資源等，確

保原住民不受歧視。宣言分爲九篇，四十五條。

第一篇是一般原則：一般人權，與其他民族平等，自決權，發展固有文化與參與國家生活，擁有國籍。

第二篇爲不得危害原住民族：不得種族屠殺與文化滅絕，不同化，身分自我認定（第八條），隸屬原住社群，不強制遷徙，武裝衝突期間受到保護。

第三篇是文化、宗教、領袖和語言身份：歸還其文物，信奉固有宗教，傳遞歷史文化、在訴訟時使用自己語言。

第四篇是教育、資訊與工作權：受教育權與母語教育，在教育與公共資訊反映自己的文化與期望，擁有自己的媒體，適用國際與本國勞動法。

第五篇是參與權、發展與其他經濟、社會權利：參與涉及自身的決策與立法，保有固有經濟制度，發展規劃權，保有傳統醫療。

第六篇是土地和資源：尊重與土地精神聯

繫，保護原住民族集體擁有土地權，擁有與控制傳統的土地與水域及其他資源，歸還土地或賠償，保護環境與其生產力，智慧與文化財產權，資源發展。

第七篇是自治權與保存固有機制：保存固有司法習俗與傳統，決定個人對於社群的責任，穿越邊界權（cross-borders right），執行與國家的條約與協定。

第八篇是獲得協助，公正解決爭端，成立專門監督機構，不得扭曲詮釋本宣言。

第九篇規定宣言只訂最低標準，不削減權利，不扭曲詮釋本宣言。

第四節　台灣與原住民

㈠官方認定13族：人口將近50萬

日本學者土田滋將台灣原住民分成「高山族」和「平埔族」兩大類，高山族包括住在高山地區和東部的九個族群。1949年中華民國政府稱此九

表16-1

2006年底台灣人口結構(內政部戶政司)		
	原住民人口數＊	全國總人口數
總數	474,919人(2.08%)	22,876,527人(100%)
性別	男性：236,000人	男性：11,591,707人
	女性：238,919人	女性：11,284,820人
性比例	99 (100個女性，99個男性)	103 (100個女性，103個男性)
資料來源：內政部戶政司「民國95年重要人口指標」(2007年6月6日編製) ＊原住民人口數不包含2007年認定的撒奇萊雅族。		

製表：蔡百銓

族為山地同胞或山胞，1994年改稱原住民，2000年改稱原住民族。1996年行政院成立「原住民族委員會」，認定九族為原住民族，後來追加四族：2001年邵族（原納入鄒族）、2002年噶瑪蘭族（原納入阿美族）、2004年太魯閣族（原視為泰雅族亞族）、2007年1月撒奇萊雅族（原納入阿美族）。

2006年底行政院原住民族委員會核計，台灣原住民有474,919人（不包含次年認定的撒奇萊雅族約5,000-10,000人），約佔台灣總人口的2%。各族人

口數依序爲：泰雅族79,024人、賽夏族5,402人、布農族47,585人、鄒族6,335人、魯凱族11,123人、排灣族81,123人、卑南族10,441人、阿美族166,769人、雅美族（達悟族）2,977人、邵族602人、噶瑪蘭族1,023人、太魯閣族22,266人。

㈡平埔族群：查無此人？

1955年，李亦園教授把台灣西部與北部的平埔族，劃分爲十個族：噶瑪蘭族、雷朗族、凱達加蘭族、道卡斯族、巴則海族、巴布拉族、貓霧悚族、和安雅族、邵族、西拉雅族。如今唯有噶瑪蘭族與邵族獲得官方承認，其他八族仍然姿身未明。

這些平埔族群如何爭取原住民身分？根據2001年「原住民身分法」規定：「平地原住民：台灣光復前原籍在平地行政區域內，且戶口調查簿登記其本人或直系血親尊親屬屬於原住民，並申請戶籍所在地鄉（鎮市區）公所登記爲平地原住民有案者。」（第二條第二款）日本時代平埔族群戶口謄本都會加載「熟」字，表示他們是「熟番」（平埔族）。

然而國府來到台灣，卻把「熟」字標誌刪除。1954年台灣省主席俞鴻鈞更對選舉事務所下達行政命令：「居住平地之平埔族應視爲平地人[漢人]，列入平地選民名冊。」平埔族群從此一筆勾銷。

㈢邁向「原住民法庭」

司法院加緊研議設置「原住民法庭」，以專庭、專人辦理原住民案件，並參考澳洲「長老參審制」，讓原住民權益在原住民熟悉的審理程序中獲得保障。將來原住民法庭審理案件類型，司法院研議將原住民所涉的特殊刑事、民事案件，全都列入考量；至於爭議較多的原住民保留地及原住民傳統領域涉及的相關行政訴訟案件，也會考量納入。此外，行政院院會也於2007年11月，通過「原住民族自治區法草案」。

人權與衝突：
國際刑事法院

申明對於整個國際社會關注的最嚴重犯罪，絕不能聽任之而不予處罰；為有效懲治罪犯，必須通過國家一級採取措施，並加強國際合作。……決心為此目的，並為今世後代設立獨立的常設「國際刑事法院」，與聯合國系統建立關係，對整個國際社會關注的最嚴重犯罪具有管轄權。

——《羅馬規約》序言，1998

1947年聯合國成立國際法委員會（International Law Commission），草擬國際刑事法院規章。但因冷戰期間東西陣營對峙，未有進展。1998年聯合

國才通過《羅馬規約》（Rome Statute），籌備常設的「國際刑事法院」，2002年7月法院正式獨立運作。在此之前，聯合國曾在終戰後進行紐倫堡與東京大審，成立數座臨時性質的國際刑事法庭。

第一節　戰後國際司法

㈠戰後兩場大審

戰後同盟國針對德國與日本戰犯，進行兩場大審：

⑴紐倫堡大審（1945-46）：審判廿一名納粹政治與軍事、經濟領袖，罪名包括密謀罪、危害和平罪（crimes against peace）、戰爭罪（war crimes）、危害人類罪（crimes against humanity）。從1945年11月到次年10月，判處十一名戰犯絞刑，七名重刑，三名無罪釋放。

⑵東京大審（1946-48）：把日本帝國廿八個軍事或政治領袖分為三類罪行審判：甲級危害和平罪、乙級戰爭罪、丙級危害人類罪。其中七個人

判決絞刑，包括東條英機與土肥原賢二等。

然而從這兩場大審迄今六十年間，只有小國暴君（如塞爾維亞、盧安達、賴比瑞亞領導人）曾在海牙國際法庭露臉，而韓戰與越戰、伊拉克戰爭，卻不見任何大國戰犯遭到起訴。

㈡1949年日內瓦公約

日內瓦公約（Geneva Conventions）是四部系列國際公約，旨在保護戰爭期間的非戰鬥人員和戰俘。1949年4月聯合國在日內瓦開會，修訂前三部日內瓦公約，並且制定第四部《關於戰時保護平民》。前三部包括1864年第一部《改善戰地武裝部隊傷者病者境遇》、1907年第二部《改善海上武裝部隊傷者病者及遇船難者境遇》、1929年第三部《關於戰俘待遇》。

這四部日內瓦公約同時於1949年8月頒布與開放簽署，繼於1950年生效。後來，第四部公約追加三個議定書：1977年《關於保護國際性武裝衝突受難者》與《關於保護非國際性武裝衝突受難

者》、2005年《關於採用新增標誌性徽章》。這四部公約各自的第三條條文文字相同，日後羅馬規約把其內容當作戰爭罪條款。

(三)其他相關公約

在羅馬規約之前，聯合國曾經制定兩部相關公約：1948年「防止滅絕罪公約」（Convention on the Prevention and Suppression of the Crime of Genocide），規定「犯此罪之人們，不管他們是憲法授予的統治者、官員及個人，均應受到懲處」（第四條）；1968年「戰爭罪及危害人類罪不適用法定時效公約」（Convention on the Non-applicability of Statutory Limitation to War Crimes and Crimes Against Humanity）。

第二節　國際刑事法庭

冷戰結束後，聯合國接受前南斯拉夫與盧安達政府請求，成立兩座「國際刑事法庭」；也接

受獅子山政府請求，共同成立「特別法庭」。這些法庭都屬於臨時性質，審判當事國內戰期間濫肆屠殺的罪魁禍首。法庭管轄權來自要求成立該法庭的當事國之授予。法庭無權判處罪犯死刑。

㈠兩座「國際刑事法庭」

⑴前南斯拉夫國際刑事法庭（International Criminal Tribunal for the former Yugoslavia, ICTY）：1993年成立，設在荷蘭海牙，審判前南斯拉夫內戰期間（1991-2001）的七名重罪犯。南斯拉夫在1980年強人狄托去世後，分崩離析，1990年代瓦解爲六個國家。法庭目前已經逮捕數人，包括前南斯拉夫總統米洛塞維奇，他於1997年屠殺塞爾維亞科索沃回教居民，現已死於獄中；以及波士尼亞前軍事將領托利米爾，他於1995年屠殺斯瑞布里尼卡（Srebrenica）約八千名回教徒。科索沃正在醞釀脫離塞爾維亞獨立。

⑵盧安達國際刑事法庭（International Criminal Tribunal for Rwanda, ICTR）：1994年成立，設在坦

尚尼亞的阿魯薩。該年四月六日，盧安達與浦隆地兩國胡圖族總統座機遭到擊落身亡，開啟盧安達境內種族屠殺一百天，造成八十多萬人喪生。2004年聯大宣佈每年四月七日為「反思盧安達大屠殺國際日」。盧安達（與蒲隆地）境內存在少數土奇族（Tutsi）與多數胡圖族（Hutu）；其實所謂土奇族原是傳統世襲統治階級，胡圖族則是從事農牧的被統治階級。德國與比利時殖民統治期間，分化他們為不同種族，以致獨立後互相屠殺。

㈡獅子山特別法庭

2002年聯合國應獅子山總統請求，共同成立獅子山特別法院（Special Court for Sierra Leone），設在自由城。獅子山內戰期間（1991-2001），共有二十多萬人死亡。法庭審理從1996年以後的重大案件，起訴十一位戰犯，逮捕前賴比瑞亞總統泰勒，罪名包括戰爭罪、危害人類罪、破壞人道與人權（強暴、肢解、使用未滿十五歲童兵等）。

此外，2005年黎巴嫩前總理哈里里與廿二位

黎巴嫩人在貝魯特遇炸身亡，2007年5月安理會
應黎巴嫩政府之請，決議設置黎巴嫩特別法庭來
審理這一案件。但此協議最後因未獲黎巴嫩國會
批准而流產。在安理會決議設置黎巴嫩特別法庭
時，中國投棄權票，認為繞過黎巴嫩國會，將開
啟安理會干預主權國家內政和立法獨立的先例。

第三節　國際刑事法院：羅馬規約

㈠羅馬規約

1994年國際法委員會提議成立常設「國際刑
事法院」，聯大成立籌備委員會。1998年聯合國
在羅馬召開會議，通過成立該法院的羅馬規約
（Rome Statute），開放各國簽署。2002年7月規約
生效，國際刑事法院正式獨立運作。中國和美國
都未加入。

羅馬規約除序言外，分為十三篇。第一篇是
法院設立與其法律地位和權限。第二篇是管轄
權：犯罪、滅絕罪、危害人類罪、戰爭罪、犯罪

要件、屬時管轄權、行使管轄權的先決條件、可
受理性問題等。第三篇是刑法一般原則。第四篇
是法院組成和行政管理。第五篇是調查和起訴。
第六篇是審判。第七篇是刑罰。第八篇是上訴與
改判。第九篇是國際合作和司法協助。第十篇是
執行。最後三篇分別為：締約國大會、財務事
項、加入與退出條約等技術規定。

㈡管轄三大罪行

　　羅馬規約第五條規定，法院管轄權包括滅絕
罪（crime of genocide）、危害人類罪、戰爭罪（war
crimes）、侵略罪（crime of aggression）。其中侵略罪
管轄權暫緩，等待定義更周延與條件更成熟之後
再行使。目前法院管轄三大罪行：

　　⑴滅絕罪：第六條定義滅絕罪：「蓄意全部或
局部消滅某個民族或族裔、種族、宗教團體而從
事五種行為：1）殺害該團體成員；2）致使該團
體成員在身體或精神上遭受嚴重傷害；3）故意
使該團體處於某種生活狀況下，毀滅其全部或局

部的生命；4）強制施行辦法，意圖防止該團體內的生育；5）強迫該團體的兒童轉移至另一團體。」這個定義與1948年《防止及懲治滅絕種族罪公約》第二條定義完全一致。

　　(2)危害人類罪：第七條定義危害人類罪：廣泛或有系統攻擊任何平民人口，明知而故意進行十一種行爲：1）謀殺；2）滅絕；3）奴役；4）驅逐出境或強行遷移人口；5）違反國際法基本規則，監禁或以其他方式嚴重剝奪人身自由；6）酷刑；7）強姦、性奴役、強迫賣淫、強迫懷孕、強迫絕育或嚴重程度相當的任何其他形式的性暴力；8）基於政治、種族、民族、族裔、文化、宗教、性別，或根據公認爲國際法不容的其他理由，對任何可以識別的團體或集體進行迫害；9）強迫人員失蹤；10）種族隔離罪；11）故意造成重大痛苦，或對人體或身心健康造成嚴重傷害的其他不人道行爲（第七條第一款）。

　　(3)戰爭罪：第八條列舉六大類行爲：1）嚴重破壞1949年《日內瓦公約》規定保護的人或財產

而進行的八種行為（詳下段）；2）嚴重違反國際法既定範圍內，適用於國際武裝衝突的法規和慣例的其他廿六種行為；3）在非國際性武裝衝突中，嚴重違反《日內瓦公約》共同第三條禁止的對不實際參加敵對行動者進行四種行為；4）第三項適用於非國際性武裝衝突，因此不適用於內部動亂和緊張局勢，例如暴動、孤立和零星的暴力行為或其他性質相同的行為；5）嚴重違反國際法既定範圍內，適用於非國際性武裝衝突的法規和慣例的其他十二種行為；6）第五項適用於非國際性武裝衝突，因此不適用於內部動亂和緊張局勢，如暴動、孤立和零星的暴力行為或其他性質相同的行為。

上述第一類違反《日內瓦公約》的八種行為，包括故意殺害、酷刑或不人道待遇，包括生物學實驗、故意使身體或健康遭受重大痛苦或嚴重傷害、無軍事必要而非法恣意廣泛破壞和侵佔財產、強迫戰俘或其他被保護人在敵國部隊中服役、故意剝奪戰俘或其他被保護人應享的公允及

合法審判的權利、非法驅逐出境或遷移或非法禁閉、劫持人質。

第四節　國際刑事法院：初試啼聲

2002年7月國際刑事法院開始運作。截至目前爲止，檢察長路易斯・歐坎波（Luis Moreno-Ocampo）總共受理四個案件：

㈠剛果民主共和國：2004年6月檢察長歐坎波調查該國內戰嚴重罪行，但是限於2002年羅馬規約生效以後發生者。該國曾經爆發兩次內戰：第一次是推翻莫布杜總統（1996-1997）；第二次則涉及九個非洲國家（1998-2002），有「非洲世界大戰」之稱，大約380萬人喪生。戰爭結束後，許多武裝團體仍未解散，持續進行零星戰鬥。2004年該國政府爲函，交付國際刑事法院審理該國內戰罪行。聯合國派遣近一萬七千人駐紮，每年大概花費十一億美金。

㈡烏干達：2003年底，烏干達總統穆塞維尼決

定把北部叛軍上帝抵抗軍（Lord's Resistance Army）問題，交付國際刑事法院審理。2004年7月，檢察長決定開庭調查。

㈢哥倫比亞：2005年3月法院受理哥倫比亞內戰案件，要求哥國提供內戰「危害人類罪」詳細資料。哥倫比亞內戰已逾四十個年頭，平均每年死亡三千人。2004年聯合國兒童基金會估計，全世界約有30萬名民童兵，哥國內戰使用大約1萬1000名。

㈣蘇丹達富爾：2005年安理會決議，把蘇丹西部達富爾地區內戰罪行，交給國際刑事法院審理。蘇丹不是法院會員國，必須經由安全理事會交付，法院才能受理。2007年7月安理會更決定派出「聯合國／非洲聯盟達富爾混合維和部隊」。

達富爾內戰始於2003年2月，當地黑人農民不堪長久遭到政府歧視，憤而起義；政府支持阿拉伯游牧族群民兵「武裝騎士」（Janjaweed）襲擊黑人農民，導致二十萬人死亡，兩百萬人流離失

所。2007年6月聯合國秘書長潘基文指出，達富爾衝突是在生態危機出現後引發的。蘇丹過去二十年來，降雨量減少大約40%。當達富爾土地肥沃時，黑人農民歡迎阿拉伯牧人，並與他們分享水源；但在發生旱災後，農民圍起土地，避免牧人放牧破壞草皮，戰鬥開始爆發。

此外，2004年底中非共和國政府提交檢察官該國自從2002年羅馬規約生效以後的內戰罪行資料。2007年5月檢察官宣布開始調查該國情勢，聚焦於2002與2003年該國內戰激烈期間的殺戮與強暴事件。

台灣加入「國際刑事法院」運動

羅馬規約第125條規定：本規約「應對所有國家開放供加入」。截至2007年11月，全世界共有139個國家簽署、105個國家批准羅馬規約。台灣申請加入任何國際組織，都會遭到中國阻撓；中國不是國際刑事法院會員國，這是否授予台灣申請加入的良機？

聯合國千禧年發展目標

(2000-2015)

　　沒有發展，就無法享有安全；沒有安全，就無法享有發展；不尊重人權，兩者都會落空。除非這些原則齊頭並進，否則沒有一項會成功。

——「大自由」，聯合國前秘書長安南，2005

　　2000年9月初，聯合國在紐約總部召開「千禧年高峯會」（Millennium Summit）。秘書長安南閉幕致辭，發表《千禧年宣言》（Millennium Declaration）：「我們各國元首和政府首腦，在新的千禧年開始之際，於2000年9月6日至8日聚集於聯合國紐約總部，重申我們對於聯合國的

信心，並重申《聯合國憲章》是創建一個更加和平、繁榮和公正的世界所必不可少的依據。」會議提出千禧年發展八大目標，期在2015年達成。

「千禧年首腦會議」就八大目標（消除貧窮、饑餓、疾病、文盲、環境惡化、歧視婦女等），商定一套能夠測量的具體目標（targets）和指標（indicators），自勉在2015年以前達成。評估多數千禧年發展目標進展的基線，設定在1990年的水平。這些目標和指標稱為「千禧年發展目標」（Millennium Development Goals, MDGs）。宣言也在人權、善政和民主方面提出了廣泛的承諾。

㈠八大目標

《千禧年宣言》和八大目標，為聯合國發展活動提供架構，而《投資於發展：實現千禧年發展目標的切實計畫》（Investing in Development: A Practical Plan to Achieve the Millennium Development Goals）賦予這些目標新動力。柏根計畫（Borgen Project）估計，要完成全部八個目標，每年必須花

費四百到八百億美元。

八大目標與十八項具體目標分別為：

（甲）消滅極端貧窮與飢餓：1）每日靠不到1美元維生的人口比例減半；2）挨餓的人口比例減半；

（乙）普及小學教育：3）確保所有男童和女童都能完成全部小學教育課程；

（丙）促進兩性平等，賦予婦女權利：4）最好於2005年在小學教育和中學教育中消除兩性差距，至遲於2015年在各級教育中消除此種差距；

（丁）降低兒童死亡率：5）五歲以下兒童的死亡率降低三分之二；

（戊）改善產婦保健：6）產婦死亡率降低四分之三；

（己）與愛滋病毒／愛滋、瘧疾、其他疾病作鬥爭：7）遏止並開始扭轉愛滋病毒／愛滋病的蔓延；8）遏止並開始扭轉瘧疾和其他主要疾病的發病率增長；

（庚）確保環境的可持續能力：9）將可持續發

展原則納入國家政策和方案，扭轉環境資源的流失；10）無法持續獲得安全飲用水的人口比例減半；11）到2020年使至少一億貧民窟居民的生活有明顯改善；

（辛）全球合作，促進發展：12）進一步發展開放的、遵循規則的、可預測的、非歧視性的貿易和金融體制。包括在國家和國際兩級致力於善政、發展和減輕貧窮；13）滿足最不發達國家的特殊需要。這包括：對其出口免徵關稅、不實行配額；加強重債窮國的減債方案，註銷官方雙邊債務；向致力於減貧的國家提供更為慷慨的官方發展援助（2005年報告把第13與第14項合併為一）；14）滿足內陸國和小島嶼發展中國家的特殊需要；15）通過國家和國際措施全面處理發展中國家的債務問題，使債務可以長期持續承受；16）與發展中國家合作，為青年創造體面的生產性就業機會；17）與製藥公司合作，在發展中國家提供負擔得起的基本藥物；18）與私營部門合作，提供新技術、特別是資訊和通信技術產生

的好處。「十八項具體目標」再次分為48個指標（indicators）。

(二)2005年的檢討

在2005年檢討會議上，秘書長安南演講「大自由：邁向全體人類的安全與發展、人權」(In larger freedom: towards Security, Development & Human Rights for All)。他說道：「2005年對我們實現這些目標的工作至關重要。在《千禧年宣言》通過五周年、距離這些目標應該實現的時日還有十年時，世界各國領導人將於九月聚會紐約聯合國，評估他們的各項保證的兌現程度，並決定需要進一步採取哪些步驟。從多方面看，今年的任務都要比2000年時艱巨得多。這次各國領導人不是制定具體目標，而是必須決定如何實現這些目標。」

千禧年發展目標為何與眾不同？首先，千禧年發展目標以人為本，有時限且可衡量。其次，這些目標以全球夥伴關係為基礎，強調開發中國

家有責任進行必要改革，先進國家有責任資助這些努力。第三，獲得前所未有的政治支援，得到先進國家、開發中國家、民間社會和主要發展機構欣然接受。第四，它們是可實現的。

2007年元旦，聯合國千禧年計畫秘書處團隊，併入「聯合國開發計畫署」（UN Development Programme, UNDP）「千禧年發展目標支援團隊」（MDG Support team），並與聯合國體系裡其他組織一同執行發展計畫。

安南曾說：「千禧年發展目標不會在聯合國裡達成。它們必須藉著各國政府與人民共同努力，在每個國家裡達成。」2002年10月聯合國推動「千禧年戰役」（Millennium Campaign），鼓勵各國公民鞭策政府達成八大目標。2007年11月聯合國發動「千禧年發展目標監督者」（MDG Monitor），監督每個國家達成這八大目標的進度。台灣想要加入聯合國，卻毫不關心聯合國的活動。好比追求牧羊女，只想上床，卻不想「跟她去放羊」。

自決權是台灣
一切人權的前提

　　人民與民族應該先享有自決權，然後才能
保證享有一切人權。

——聯合國「屬於人民與民族自決權」決議案，1952年

　　人權是什麼？走筆至此，似乎還未談到正
題。最淺顯的解釋，人權就是「人類身為人類就
應該享有的權利」（rights that belong to an individual as
a consequence of being human）。本書談的，就是人
權。人權究竟是從天上掉下來的「天賦人權」，
還是孫中山主張以革命手段爭取的「革命人
權」？暫且不管人權有無一種「先天的存在」，在
爭取人權的道路上，永遠血跡斑斑，古今台外皆

然。人權爭來不易，如不隨時保持警戒，卻是稍縱即逝。

「人權立國」就像夸父逐日，永無止境。世界上沒有任何國家的人權情況，能夠令其人民咸感滿意，然而總得盡力而為。人權應該建立在什麼基礎上？法政學者會不假思索，答以法律與法治。不把人權制定為具有約束力的法律，一切都會流於空談。然而人文學者可能會說，人權以保護弱勢者權利為主，為政者之存心才是關鍵，誠如孟子所言：「有不忍人之心，斯有不忍人之政矣。」

如何人權立國？筆者在序言裡主張雙管齊下，一方面「台灣法律人權化」，消除現有法律裡違背人權的條文與觀念，並把國際人權公約國內法化；另一方面「台灣文化人權化」，消除文化裡違反人權的成分，並把人權理念輸入日常生活。而加強人權教育，勉勵國人以「人權捍衛者」自居，更是成敗關鍵。

回顧我台灣有史四百年來，外來政權更迭不

斷，競以踐踏人權爲能事。人爲刀俎，我爲魚肉。往者已矣，來者可追。人權除了在內政上落實、在教育上弘揚之外，更要積極落實自決權。覆巢之下無完卵，誠如1952年聯合國「屬於人民與民族自決權」決議案所云：「人民與民族應該先享有自決權，然後才能保證享有一切人權。」台灣在實踐自決權的大前提下，落實三個世代人權，建設具備自由、平等、博愛精神的「人權國家」，這才是「人權立國」的眞諦。

附錄：人權研究網站舉隅

鍵入底下每項名稱，即可找到其網站首頁

    （一）「聯合國」網站「人權」選項

    （二）聯合國電台

    （三）立法院全球法律資訊網

    （四）教育部人權資料資訊網

    （五）University of Minnesota, Human Rights Library明尼蘇達大學人權圖書館（有中文版）

    （六）HREA: The Global Human Rights Education Network

    （七）Hong Kong Human Rights Monitor，「國際人權公約」項目「香港人權監督」網站，中英文文獻可以切換

    （八）Amnesty International（AI）國際特赦組織

    （九）Human Rights Watch（hrw.org）

    （十）PDHRE: The People's Movement for

Human Rights Learning

（十一）「聯合國教科文組織」英文Human
　　　　Rights教材 http://www.dadalos.org/int/
　　　　Menschenrechte/start_MR.htm

（十二）台灣大學，人權研究資料中心

（十三）東吳大學，張佛泉人權研究中心

（十四）台灣人權促進會

（十五）中國北京「中國人權」

台灣國民文化運動
Let Taiwan be TAIWAN

　　台灣人應該覺悟，台灣建國之路，絕不能完全寄望在政黨與政治力量。台灣主體性的根源問題以及台灣國民靈魂的集體形塑和進化，是國家永遠不可動搖的基石，應該從文化奠基，經由社會覺醒才能真正實現。

　　讓台灣成為主權獨立的新國家，讓台灣人受到世界各國的尊敬是台灣運動者的最高目標。在當下媒體與教育的生產和市場價值體系仍受中國文化種族主義信仰的控管下，必須重新啟動台灣知識文化的第二波心靈改造進化工作，重新建構台灣人主體性文化符號價值的生產與市場價值體系，以形塑一代接一代台灣人的靈魂品質。基於此，我們發起「台灣新文化知識運動」，希望海內外台灣人共同為台灣文化根源的生命力播下種

籽，直到開花結果。我們建議各位台灣志士共同以下列方式，一起努力。

一、寫作並發表培育台灣人意識，或啟蒙人類共同普遍價值的心得或研究。

二、發行推動本運動的刊物及網站。

三、捐助推動本運動的資金。

四、每年至少以台幣一萬元購買台灣文史書籍，強化台灣意識。

五、過年過節希望以送書取代禮物。

六、普遍設置家庭圖書館。

七、成立社區讀書會的結盟組織。

〔台灣國民文化運動〕

黃文雄(Ko Bunyu)敬致海內外有志書

各位兄姊前輩：

　　歷經戰後的60年，建構今日台灣社會的，無疑仍是國民黨的黨國體制和中國的傳統文化，因此，即使政權已經輪替，朝夕之間政治、社會的改革仍然未竟其功，吾人對現政權不能抱持多大期待之處，仍所在多有。

　　的確，今日台灣社會，是依各種各樣社會、時代背景的要因建造起來的，其中最具強大影響力的，就是完全由中國人執其牛耳的教育及大眾傳播媒體，那是今日台灣實質上的第一權力。現政權也因汲汲於迎合這些歪曲的言論而左支右絀。

　　不用說，環繞著目下台灣的內外情勢，台灣自身也是問題叢叢，從台灣人自身的認同問題起至做為國家的國際認知問題，台灣要面對的21世

紀的課題確實很多，因此，吾人迄今為止，對以上的諸問題，非加緊努力不可。

就此，數年來，吾等在海外有志之台灣人，一再檢討、討論的結果，獲得了台灣問題相較於政治面而言，文化面實在更為切要的結論。擁有共同的普遍的價值觀固然重要，比此更重要的台灣人的主體性、更進一步的台灣人意識的養成才是先決的要務。

培育受世界尊敬的台灣人當然必要，但是決非容易之事，這一點，我們也知之甚詳。

本來，這是政府應該做的事情，但是，我們實已不再冀待，於是，我們認為作為一種運動，非致力於所有力量的集結，並考量其意義不可。

人的培育，也應從青年開始，更進一步推及到從幼少年開始。

沒有大眾媒體的我們，打算從小眾媒體出發。

所以，我們決意從台灣國民文化運動開始，以台灣人意識育成運動作為母體，集結所有的力量來踏出我們的第一步。經過數年的嘗試錯誤，

從「抱持台灣魂魄」的「新國民文庫」的刊行開始，慢慢地充實這個運動的內容，一邊展開眾意的尋求和凝聚，這就是我們預定要做的事情。

以下三件，是有賴於諸位兄姊前輩具體協力的事項：

一、寫作並發表培育台灣人意識，或啟蒙人類共同普遍價值的心得或研究。

二、協助推動發行本運動的刊物。

三、捐助推動本運動的資金。

有關第三點，以日本及美國的有志之士為始，我們已經獲得50多人的支持，目前贊同人數正不斷遞增中。我們誠盼希望能在2007年底達到100人以上的陣容規模。

以上，還乞諸位兄姊前輩不吝惠賜有關推展本運動的具體的卓識高見。

衷心祈願您的協力與參與。

黃文雄一同　拜上

台灣國民文化運動

【新國民文庫】出版基金

主催：黃文雄(Ko Bunyu)

計劃：本著台灣精神・台灣氣質意旨，五年內將出版100本台灣主體意識、國民基本智識、及文化教養啓蒙書。

參與贊助基金：每單位日幣10萬元、或美金1千、或台幣3萬以上。

贊助人權益：基金贊助人名單將於每本新國民文庫叢書上登載。並由台灣國民文化運動總部擎頒感謝狀一幀。贊助人可獲台灣國民文庫陸續出版新書各1部，享再購本文庫及前衛出版各書特別優惠。

日本本舖：黃文雄事務所
〒160－008日本東京都新宿區三榮町9番地
Tel：(03)33564717　Fax：(03)33554186
e-mail：humiozimu@hotmail.com
台灣本舖：前衛出版社
〒11261台北市關渡立功街79巷9號
Tel：(02)28978119　Fax：(02)28930462
e-mail：a4791@ms15.hinet.net

國家圖書館出版品預行編目資料

邁向人權國家 / 蔡百銓著；-- 初版. -- 臺北市：
前衛，2007.12
336面；11.5×17公分

ISBN 978-957-801-568-5（平裝）
1. 人權　2. 文集

579.2707　　　　　　　　　　　　96022575

邁向人權國家

著　　者　蔡百銓
責任編輯　周俊男
出 版 者　台灣本鋪：前衛出版社
　　　　　11261 台北市關渡立功街79巷9號
　　　　　Tel: 02-28978119　Fax: 02-28930462
　　　　　郵撥帳號：05625551
　　　　　E-mail: a4791@ms15.hinet.net
　　　　　http://www.avanguard.com.tw
　　　　　日本本鋪：黃文雄事務所
　　　　　humiozimu@hotmail.com
　　　　　〒160-0008 日本國東京都新宿區三榮町9番地
　　　　　Tel: 03-33564717　Fax: 03-33554186
出版總監　林文欽　黃文雄
法律顧問　南國春秋法律事務所　林峰正律師
出版日期　2007年12月初版一刷
總 經 銷　紅螞蟻圖書有限公司
　　　　　台北市內湖舊宗路二段121巷28.32號4樓
　　　　　Tel: 02-27953656　Fax: 02-27954100

©Avanguard Publishing House 2007
Printed in Taiwan　ISBN 978-957-801-568-5
定　　價　新台幣250元